AMBROSIA HAWTHORN

EVERYDAY WITCHCRAFT

GOLDMANN

AMBROSIA HAWTHORN

EVERYDAY

WITCHCRAFT

MAGISCHE RITUALE FÜR JEDEN TAG

HANDLESEN, TAROT, ZAUBERSPRÜCHE UND CO.

Aus dem Englischen
von Monika Keipert

Mit Illustrationen
von Giulia Varetto

GOLDMANN

Die Originalausgabe erschien 2022 unter dem Titel
Tutte possiamo essere streghe! (perfette) bei Vivida™, White Star s.r.l., Milan, Italy

Vivida™ is a trademark property of White Star s.r.l.
www.vividabooks.com

Piazzale Luigi Cadorna, 6
20123 Milan, Italy
www.whitestar.it

Penguin Random House Verlagsgruppe FSC® N001967

1. Auflage
Deutsche Erstausgabe Juli 2023

Illustrationen: Giulia Varetto
Gestaltung Innenteil: PEPE nymi
Umschlag: Uno Werbeagentur, München
Umschlagmotiv: Giulia Varetto
Redaktion: Carla Felgentreff
Satz: Uhl + Massopust, Aalen
Druck und Bindung: Alcione-Litotipografia srl.
Printed in Italy
SC · CB
ISBN 978-3-442-22364-0

INHALT

EINFÜHRUNG

Hörst du ihn auch? Diesen geheimnisvollen Ruf in deinem Inneren? Tatsächlich ist die Hexenkunst im Wesentlichen eine Einladung!

Sie manifestiert sich in der Welt, die uns umgibt, und zeigt sich oft auf geheimnisvolle Weise. Wie eine ausgestreckte Hand kann sie dir dabei helfen, deine Wünsche zu verwirklichen, deine inneren Kräfte zu nutzen und positive Veränderungen in deinem Leben herbeizuführen. Und das Beste daran ist: Du hast bereits alles, was du brauchst, um damit zu beginnen! Das Einzige, was du tun musst, ist, dich einfach nur zu fragen, ob du dieses Angebot annehmen möchtest. Möchtest du aufstehen und dir selbst und der Welt um dich herum auf ganz neue Weise begegnen?

In der Hexenkunst geht es nicht darum, am besten zu sein oder sich über andere zu erheben. Es geht darum, dass du ehrlich, authentisch und wirklich du selbst bist. Die Hexenkunst gewinnt immer mehr an Bedeutung, und sie wird sich auch in Zukunft weiterentwickeln, da die Menschen sich nach Veränderung sehnen.

Bevor ich fortfahre, möchte ich dir ein wenig von mir erzählen. Mein Name ist Ambrosia Hawthorn, und ich bin eine Hexe mit viel Erfahrung. Ich habe mehrere Bücher geschrieben, wie *Die Magie in dir*,

Seasons of Wicca und *The Wiccan Book of Shadows;* außerdem habe ich das *Witchology Magazine* ins Leben gerufen, eine Zeitschrift für moderne Hexen. Daneben unterrichte ich Hexenkunst in der Online-Schule Venefica Cottage. Ich bin in Nordkalifornien geboren und aufgewachsen. Seit meiner Kindheit glaube ich an Magie und habe mir meine Neugier und meine Liebe zur Zauberei bis heute bewahrt.

Hexenkunst ist keine geheime Wissenschaft, und sie ist auch nicht einer speziellen Gruppe vorbehalten. Jeder Mensch kann eine Hexe sein. Und ja, damit meine ich auch dich! Es gibt keine falsche Art, eine Hexe zu sein. Sobald du damit anfängst, ist alles, was du tust, vom ersten Tag an wirksam. Du brauchst dafür keinen Initiationsritus, es sei denn, du möchtest einer bestimmten Tradition folgen oder Teil eines Hexenzirkels werden – oder aber wenn du dein ganz eigenes Selbst-Initiationsritual durchführen möchtest. All das kannst du selbst entscheiden. Wichtig sind dein Engagement sowie dein Respekt für dich selbst, für andere und für deine Hexenkunst.

In diesem Buch werde ich dir erklären, wie du auf deine ganz eigene Weise eine (perfekte) Hexe werden kannst. Positive Veränderungen sind immer möglich, auch du kannst sie bewirken! Hexenkunst ist intuitiv, sie hilft all denen, die sie praktizieren, ihre Wünsche zu verwirklichen und ihre Ziele zu erreichen. Magie ist, zusammen mit deinen persönlichen Absichten und Zielen, eine mächtige Kraft, die dein Leben verändern kann.

Du bist hier und liest diese Worte, das bedeutet, dass du den Ruf vernommen hast – diese starke Anziehung von etwas Geheimnisvollem, das über uns steht und alle Suchenden und Neugierigen gleichermaßen einlädt.

Vielleicht hast du Fragen zur Hexenkunst (wie ich einst), oder du bist einfach auf der Suche nach neuem Wissen. In diesem Buch möchte ich umfassende Antworten geben, wertvolle Informationen vermitteln und dich mit den Werkzeugen ausstatten, die du brauchst, um dich erfolgreich auf diesen bereichernden Weg zu machen. Ob du einfach gern neue Zauber ausprobieren oder aber größere Veränderungen bewirken möchtest, hier bist du in jedem Fall richtig.

Ich freue mich, dass du dabei sein möchtest, wenn ich dir zeige, wie du Magie und Hexenkunst in dein tägliches Leben integrieren, deine inneren Kräfte entdecken und unterschiedliche Zauber anwenden kannst. Ich wünsche dir alles Gute auf deiner Reise als Hexe und hoffe, die Ideen, Anleitungen und hilfreichen Gedanken in diesem Buch bringen dir ebenso viel Nutzen wie mir!

Kapitel 1

LEBENS-BEREICHE,

in denen Magie hilfreich sein kann

Die Welt um uns herum ist voller Magie, und in diesem Kapitel möchte ich dir zeigen, wie du mehr Magie in deinen Alltag integrieren kannst. Glaube an dich selbst und setze dir klare Ziele, um deine ganz persönliche Magie in deinem Leben zu stärken.

Wenn du der Hexenkunst vertraust und dir deiner Wünsche bewusst wirst, kannst du die Veränderungen herbeiführen, nach denen du strebst. Du bist auf dem richtigen Weg, die Welt um dich herum mit deiner Hexenkunst zu durchdringen und eine (perfekte) Hexe zu werden!

Du kannst die Kraft der Magie in den unterschiedlichsten Lebensbereichen erfahren, wie im Beruf, in der Ausbildung, in deinem Sozialleben, bei deinen Fitnesszielen und in ganz alltäglichen Situationen.

Genau bei diesen Routinetätigkeiten ist Magie ungemein nützlich. In Kombination mit einer gezielten, magiebezogenen Achtsamkeit nennt man diese Lebensweise auch *magical living*, ein Leben im Einklang mit der Magie. Auf diese Weise gelangst du zu einer positiven Einstellung und letztlich zum Erfolg.

Eines der wichtigsten Ziele von Magie ist es, unser inneres und äußeres Selbst miteinander in Verbindung zu bringen und dabei gezielt unsere Energie zu stärken. Dein inneres Selbst besteht aus deinen Absichten, Emotionen, deinem Empfinden und deinen Gedanken. Dein äußeres Selbst sind dein Körper und deine Sinne. Achte besonders auf die Hinweise am Ende dieses Kapitels, wie du aktiv Magie in die verschiedenen Bereiche deines Lebens bringen kannst!

Probiere die verschiedenen Vorschläge aus und schau, welche für dich funktionieren und welche nicht. Was nicht funktioniert, ist ebenso wichtig wie das, was funktioniert. Du wirst dabei erkennen, was wichtig für dich ist und wie du dir das zunutze machen kannst, was dir hilft, und das außer Acht lassen, was dich nicht weiterbringt.

In diesem Abschnitt findest du viele wertvolle Tipps zur Hexenkunst. Du lernst den Umgang mit magischen Gegenständen und erfährst einiges über die Handlesekunst, Sigillenmagie, Hellsehen, Atemübungen, die Schaffung eines geweihten Ortes und den Gebrauch von Magie im Alltag. Magie kann man jederzeit anwenden, doch wenn du bestimmte Zyklen beachtest, kann sie noch kraftvoller auf dein Leben wirken.

BERUFSLEBEN

Mach dir die Magie in dir zu eigen, um Probleme bei der Arbeit zu lösen, mehr Klarheit zu schaffen, die Kommunikation zu verbessern und Stress zu reduzieren. Im Berufsleben lässt sich Magie auf vielseitige Weise nutzen, ob es nun um eine Beförderung und Erfolg oder die Wahl des richtigen Jobs geht. Für den perfekten Zauber in Bezug auf deine Arbeit brauchst du eine gute Mischung aus den unten genannten Zutaten, einen festen Blick auf deine Karriereziele und eine Prise Selbstvertrauen. Dann steht deiner magischen Karriere nichts mehr im Wege!

KRÄUTER UND GEWÜRZE: Bereite dir einen Tee daraus, streue sie über dein Mittagessen oder nimm sie zusammen mit anderen Dingen in einem kleinen Beutel mit zur Arbeit. Probiere es am besten mit schwarzem Pfeffer, Rosmarin, Basilikum, Zimt, Lorbeerblättern oder Kamille.

KRISTALLE: Verteile Kristalle an deinem Arbeitsplatz, nimm sie in der Jacken- oder Handtasche mit, trag sie als Schmuck, lege sie in einen Beutel oder halte sie in der Hand, während du meditierst oder deine Wünsche visualisierst. Am besten eignen sich Zitrin, Sonnenstein, Karneol, Sodalith, Onyx, Pyrit, Amethyst, Selenit, Aventurin, Tigerauge, Fluorit (Flussspat), Jade oder Rubin.

KERZEN UND FARBEN: Kleide dich bewusst und wähle besondere Farben aus, zünde eine farbige Ritualkerze an oder gestalte deinen Arbeitsplatz in besonderer Weise, um deine Kunst zu vervollkommnen. Wähle dabei Gelb für Freude und Gruppenaktivitäten, Orange für Ehrgeiz, Kreativität und Mut, Grün für Erfolg, Ideen und neue Projekte und Braun für Gesundheit, Energie und Ausdauer.

MONDPHASEN: Stimme deine beruflichen Projekte und Ziele mit den Mondphasen ab. Nutze dabei den Neumond für alles Neue und allgemeine Karriereschritte und den zunehmenden Mond für Ziele und Motivation.

AUSBILDUNG

Glaub an dich selbst und setze dir klare Ziele, damit die Magie bereits in deiner Ausbildung wirksam werden kann. Wir alle wissen, dass Abgabetermine, Prüfungen, das Setzen der richtigen Prioritäten sowie der allgemeine Gruppendruck uns manchmal ziemlich belasten und Stress auslösen. Doch du kannst diese Stressfaktoren reduzieren und auf deine Kraft vertrauen, egal, auf welcher Schule oder in welcher Phase deiner Ausbildung du dich gerade befindest. Du brauchst auch nicht alle möglichen Werkzeuge und magischen Zutaten, um eine Hexe zu sein. Unten findest du eine gezielte Auswahl der magischen Gegenstände, über die du tatsächlich schon jetzt verfügst. Arbeite mit dem, was du hast oder was du dir leicht beschaffen kannst, und praktiziere auf diese Weise deine Kunst mit nur sehr wenigen Werkzeugen und Gegenständen.

DIE MAGIE DES PLANENS: Verwende einen Planer, um die Zauber, die du benutzt, im Einklang mit der Energie der Planeten anzuwenden, damit sie kraftvoll wirken können und deine Wünsche in ihnen verwirklicht werden. In deinem Planer, Kalender oder Bullet Journal vermerkst du die Mondphasen, rückläufige Planeten, die Übergänge zwischen den Sonnenzeichen und die Planetenstände in deinem eigenen Horoskop.

HANDLESEN: Nimm deine Hände und erkunde die Handlesekunst; nutze dabei deine Intuition. Alle Linien und Markierungen haben eine Bedeutung oder vermitteln eine Botschaft. Um mehr über das Handlesen zu erfahren, kannst du dich im Internet oder in einem Buchladen informieren und herausfinden, was die verschiedenen Linien, Finger und Hügel bedeuten. Sie verraten dir etwas über dein Herz, deinen Kopf, dein Leben und dein Schicksal.

SIGILLENMAGIE: Zeichne Sigillen auf weiße Papierseiten, um Konzentration, Erfolg und Motivation zu fördern. Du kannst Sigillen ganz einfach selbst gestalten, indem du Formen aus den Buchstaben von positiven Affirmationen bildest, wie zum Beispiel: »Ich bin konzentriert.«

SOZIALLEBEN

Fühlst du dich manchmal nervös oder unwohl, wenn du an ein bevorstehendes Ereignis denkst, bei dem du mit anderen Menschen zu tun hast? Vielleicht passiert dir das, bevor du einen Raum betrittst, wenn du auf ein Date oder zu einer Veranstaltung gehst, bei der du auf fremde Leute triffst, oder wenn du ein Gespräch beginnen möchtest. Größere und kleinere soziale Ereignisse machen einen bedeutenden Teil unseres Lebens aus, und egal, ob du eher intro- oder extrovertiert bist, Hexenkunst kann dir helfen, diese Momente der Nervosität, Unsicherheit oder sogar Angst besser durchzustehen.

TALISMAN: Mach dir ein Spell Jar (Glaszauber), einen Beutel oder eine Halskette mit einem Anhänger, die du mit verschiedenen Schichten von Gewürzen und Kräutern füllst, beispielsweise mit Nelken, schwarzem Pfeffer, Sternanis, Baldrianwurzel, Süßholzwurzel, grünem Tee oder Ingwer. All diese Kräuter fördern Kraft und Entspannung, um gut mit sozialen Herausforderungen umgehen zu können.

AMULETTE ODER KRISTALLE: Verwende hierfür eine bereits vorhandene Kette oder einen Kristall und befreie den Gegenstand mithilfe von Wasser oder Rauch von alten Energien. Dann ziehe deinen Gegenstand durch eine der oben genannten Zutaten. Denk daran, dir deine Ziele klar vor Augen zu führen, bevor du dein Objekt in sozialen Situationen trägst oder mit dir führst.

ATEMÜBUNGEN: Nutze deinen Atem als Werkzeug oder Möglichkeit, ganz ohne Zutaten innere Ruhe und Zuversicht in unterschiedlichen sozialen Situationen zu finden. Entspanne deine Schultern und atme langsam vier Sekunden lang durch die Nase ein. Halte den Atem für zwei Sekunden an und lass ihn dann vier Sekunden lang wieder ausströmen. Verbinde die Übung mit positiven Affirmationen oder Sprechgesang zwischen den Atemphasen, wie beispielsweise: »Ich bin entspannt, ich bin stark, ich mache mir keine Sorgen.«

FITNESS

Ganz egal, ob du eine bestimmte Sportart betreibst, ins Fitnessstudio gehst oder einen speziellen Kurs besuchst, die Hexenkunst kann dir dabei helfen, deine Ziele besser zu erreichen. Es gibt viele Möglichkeiten, deine Fitnessroutine mit Hexenkraft zu verbinden, darunter Rituale, die du vor dem Sport praktizierst, oder die Schaffung eines geweihten Ortes. Das Hauptziel dabei ist, deinen Geist mit deinem Körper zu verbinden und dabei ganz gezielt Energie entstehen zu lassen. Jedes Workout besteht aus Routinen, die sich in nichts von magischen Praktiken unterscheiden.

RITUALE VOR DEM SPORT: Vor jeder Handlung, sei sie nun magisch oder ganz alltäglich, ist es wichtig, sich auf Routinen und Rituale vorzubereiten. Lade die Wasserflasche, die du beim Workout verwendest, positiv auf, indem du sie in die Hand nimmst und dich auf deine Fitnessziele konzentrierst. Stell dir vor, wie die

Flasche von deiner persönlichen Aura oder einem weißen Licht umgeben ist. Atme ganz entspannt und tief ein und konzentriere dich auf das, was du erreichen möchtest. Mit jedem Schluck wiederholst du innerlich deine Ziele. Spüre dabei die nährende Energie des aufgeladenen Wassers, das dir Kraft und Stärke verleiht.

GEWEIHTER ORT: Schaffe dir dort, wo du deine Fitnessübungen praktizierst, einen Ort, der geweiht und sicher ist. Das kann im Fitnessstudio sein, auf dem Sportplatz oder nur ein kleines Regalfach, das du bei deinem Fitnesskurs benutzt. Beginne deine körperliche Aktivität an diesem Platz. Nimm einen Schluck von deinem aufgeladenen Wasser und spüre seine Energie in dir. Halte einen Moment inne und mache dir bewusst, dass du diesen Raum nun betrittst und von dort zu deinen Übungen übergehst. Das wird oftmals als »Schaffung des geweihten Ortes« bezeichnet. Kehre nach deinem Workout an diesen Ort zurück und lass eventuelle überschüssige Energie durch deine Füße abfließen, sodass du dich selbst erdest und »den geweihten Ort wieder schließt oder freigibst«. Ein geweihter Ort bietet Sicherheit und schützt dich vor äußeren Kräften und Gedanken sowie vor unerwünschter Energie.

MAGIE IM ALLTAG

Magie ist auch hilfreich bei Alltagstätigkeiten wie kochen, putzen, sitzen, laufen oder zur Arbeit fahren. Diese oftmals routinemäßig oder monoton ablaufenden täglichen Aufgaben können wir als tägliche Rituale betrachten, die wir mit Magie durchtränken. Routinetätigkeiten jeglicher Art ermöglichen es uns, mit vertrauten Zyklen zu arbeiten. Bringe deine Aktivitäten mit den Wochentagen in Einklang. Wenn du Atemübungen, Meditation, Visualisierungstechniken und innere Einkehr mit diesen alltäglichen Handlungen verknüpfst, kann das dabei helfen, dein Bewusstsein im Hier und Jetzt zu verankern und achtsam zu bleiben.

TÄGLICHE MAGIE: Nutze die Magie des Alltags, indem du mit Zyklen arbeitest. Lege deine täglichen Ziele mit Blick auf die folgenden magischen Tageszeiten fest.

SONNENAUFGANG/MORGEN: Die Sonne geht am Horizont auf. Zu dieser Tageszeit geht es um Neubeginn, Veränderung, Gesundheit, Arbeitsplatz, Erneuerung, Wiederauferstehung und darum, den richtigen Weg zu finden. Diese Zeit kann auch eine starke reinigende Wirkung haben.

VORMITTAG: Die Sonne gewinnt an Stärke und bringt die magische Kraft für Wachstum, positive Energie, Vorsätze, Mut, Harmonie, Glück, Stärke, Aktivität, Projekte, Erfolg und Ideen.

MITTAG: Die Sonne erreicht ihren Höchststand. Das ist die beste Zeit für Magie mit Bezug auf Gesundheit, körperliche Energie, Weisheit und Wissen. Dieser Zeitpunkt eignet sich zudem ausgezeichnet, um Werkzeuge und Kristalle, die aufgeladen werden müssen, in die Sonne zu legen.

NACHMITTAG: Die Sonne sinkt nun langsam wieder. Ihre Energie ist jetzt gut geeignet, um geschäftliche Dinge zu bearbeiten, sowie für Kommunikation, Reisen, Forschungen und weitere berufliche Angelegenheiten.

SONNENUNTERGANG/ABEND: Wenn die Sonne hinter dem Horizont verschwindet, ist die beste Zeit für Zauber, die gegen Depressionen, Stress und Verwirrung wirken, mit dem Loslassen und Befreien zu tun haben oder dabei helfen, die Wahrheit über etwas herauszufinden.

MITTERNACHT: Um Mitternacht beginnt der neue 24-Stunden-Tag. Um diese Zeit ist die Kommunikation mit dem Geistigen am stärksten. Nutze diese Zeit, um deine spirituelle Arbeit zu intensivieren, deine übersinnlichen Kräfte zu verbessern und innere Ruhe zu finden.

FOKUS

ZENTRIEREN UND ERDEN

Beim Zentrieren geht es darum, deine innere Mitte zu finden. Dabei verstärkst du den Kontakt zu deinem Selbst, wodurch du dich mit deiner inneren Energie verbinden und besser mit ihr arbeiten kannst. Damit einher geht meist das Erden, denn diese beiden Techniken helfen dir dabei, im Gleichgewicht zu bleiben und deine Energie auszubalancieren.

Zentriere und erde dich, wenn du dich ruhelos, überfordert, unkonzentriert oder vergesslich fühlst oder dein Selbstwertgefühl niedrig ist. Am besten geht das mithilfe von Meditation und Visualisierung.

ZENTRIEREN: Suche dir einen ruhigen Ort, setze dich hin und beginne, langsam und tief ein- und auszuatmen. Sobald du entspannt bist, visualisiere deine Energie. Reibe deine Hände sanft aneinander und löse sie langsam voneinander; konzentriere dich dabei auf den Raum zwischen ihnen. Jede Art von Kribbeln, die du nun spürst, sind Energieströme, die nur darauf warten, von dir genutzt zu werden.

ERDEN: Setze dich bequem hin und konzentriere dich auf deinen Atem. Dann stelle dir vor, wie alle überflüssige Energie, die du angesammelt hast, deinen Körper verlässt und in die Erde fließt.

FOKUS

HANDLINIEN

Beim Handlesen sind vor allem vier Hauptlinien wichtig. Diese sind die Herz-, die Kopf-, die Lebens- und die Schicksalslinie. Die Linien auf der Handfläche können deutlich erkennbar und gut zu lesen sein, aber auch unterbrochen und verblasst oder gar nicht vorhanden.

HERZ

Die Herzlinie verläuft horizontal über den oberen Bereich der Handfläche. Sie gibt Aufschluss über deine Beziehungen und Emotionen sowie über dein Potenzial für persönliches Wachstum. Je tiefer die Herzlinie ist, desto tiefer sind deine Liebe und Zuneigung.

KOPF

Neben der Herzlinie befindet sich die Kopflinie, die den Intellekt und das Denken repräsentiert. Ist sie gerade, deutet das auf eine eher logische Herangehensweise hin, während Kurven für Kreativität stehen.

LEBEN

Die Lebenslinie beginnt zwischen Daumen und Zeigefinger und verläuft zum Handgelenk hin. Diese Linie zeigt deine Lebensfreude – nicht, wie lange du leben wirst.

SCHICKSAL

Die Schicksalslinie ist oft gerade und teilt die Handfläche senkrecht in zwei Bereiche auf. Sie hat mit dem Sinn des Lebens zu tun und mit der Richtung, in die du gehst. Eine gerade Linie weist darauf hin, dass der Lebensweg geradlinig verläuft.

Kapitel 2

Magie im MITEINANDER

Im vorigen Abschnitt hast du erfahren, wie Magie dir in bestimmten sozialen Situationen helfen kann. Und das ist erst der Anfang. Hexenkunst kann in vielen Lebensbereichen hilfreich sein, ganz besonders bei Beziehungen jeglicher Art. Ob es dabei nun um Freundinnen und Freunde, Familie, Partner, eine größere Gemeinschaft, Nachbarn oder gar Feinde geht, immer wenn du Magie anwendest, ist es wichtig, dass du achtsam bist und dir genau überlegst, in welcher Weise du eine Veränderung herbeiführst oder die Energien um dich herum beeinflusst.

Es ist unerlässlich, dass du dir selbst Grenzen setzt und dir einige klärende Fragen stellst, bevor du Zauber anwendest, die andere betreffen. Wie ist deine persönliche ethische Einstellung zu Zaubern, in die auch andere involviert sind?

Liebeszauber gehören zu den beliebtesten Arten von Magie, die in der Hexenkunst angewendet werden. Doch manchmal ist unklar, wie das moralisch einzuordnen ist. Wie positionierst du dich dazu?

Dir über die moralische Einordnung deiner Magie klar zu werden, ist unabdingbar, um Regeln, Prinzipien und Werte zu etablieren, auf denen deine Kunst basieren soll, und sie auch in deinem Alltagsleben anzuwenden.

Von dem Philosophen Aristoteles sind Dialoge über ethisches Handeln auf der Grundlage von Gegenseitigkeit überliefert; ein Thema, das man in der modernen Ethik das Prinzip der Reziprozität nennt. Damit ist gemeint, dass du alles, was du anderen wünschst, auch für dich selbst akzeptieren solltest. Dies kann als gesellschaftliche Grundlage für gesunde Beziehungen jeglicher Art gesehen werden.

Wicca, eine populäre religiöse Bewegung, die mit Hexenkunst arbeitet, hat ihr eigenes kosmisches Gesetz, die Regel der (dreifachen) Wiederkehr. Dieses Gesetz besagt, dass alles, was du tust, dreifach auf dich zurückfällt. Viele, die Hexenkunst praktizieren, integrieren dieses Konzept in ihren eigenen moralischen Kompass, und es wird neuen Praktizierenden oftmals empfohlen.

Bevor du also versuchst, die Emotionen oder Lebenswege anderer zu beeinflussen oder zu manipulieren, frage dich, ob es für dich in Ordnung wäre, wenn andere dich in derselben Weise beeinflussen oder manipulieren würden.

In diesem Kapitel geht es darum, Verbindungen in deinem Leben anzuziehen, zu intensivieren, zu finden, zu heilen oder zu akzeptieren.

FREUNDINNEN, FREUNDE UND FAMILIE

Wir alle haben den starken Wunsch, den Menschen, die wir lieben, zu helfen. Wenn du deine Magie gut beherrschst, kannst du damit Menschen unterstützen, fast jede Situation gut durchzustehen. Die einfachste Art, befreundeten Menschen und der Familie beizustehen, sind Charms (kleine Zaubergegenstände als Glücksbringer), magisch aufgeladene Geschenke oder Kerzenzauber.

CHARMS, ZAUBERBEUTEL ODER -GLÄSER: Lege den Zweck deines Zaubers fest und stelle dafür hilfreiche Dinge in einem Beutel oder in einem

Glas zusammen. Leidet ein geliebter Mensch unter Schlaflosigkeit? Gib eine Mischung aus Lavendel und Beifuß in einen Musselin-Beutel und stelle so ein kleines Kissen mit einem Schlafzauber für ihn her. Vielleicht hat eine Freundin Stress bei der Arbeit? Mische zum Verzehr geeignete Kräuter wie Kamille, Baldrian, Zitronenmelisse und Lavendel in einem Glas und überreiche ihr dieses zusammen mit der Anleitung für einen stressreduzierenden Tee, den du für sie mit positiver Energie aufgeladen hast.

KERZEN: Wenn ein Familienmitglied oder Freund Probleme hat, reinige deinen Geist, konzentriere dich auf dein Ziel und zünde eine Kerze für diesen bestimmten Zweck an. Beachte hierbei die Symbolik der Farben.

- **Weiß:** Heilung, Frieden und Wahrheit
- **Violett:** spirituelle Achtsamkeit, Weisheit und Ruhe
- **Lavendelfarben:** Intuition, Frieden und Heilung
- **Blau:** Meditation, Heilung, Vergebung, Inspiration, Treue, Glück und Kommunikation
- **Grün:** Geld, Fruchtbarkeit, Glück, Fülle, Gesundheit und Erfolg
- **Rosa:** positive Selbstliebe, Freundschaft, Harmonie und Freude
- **Gelb:** Manifestation von Gedanken, Zuversicht, Ziele, Kreativität, Intelligenz und geistige Klarheit
- **Orange:** Freude, Energie, Ausbildung, Stärke und Anziehung
- **Rot:** Leidenschaft, Energie, Liebe, Lust, Beziehungen, Lebensfreude und Mut
- **Schwarz:** Schutz, Versunkenheit und Vertreibung negativer Energie

PARTNERSCHAFT

Egal, ob du eine neue Liebe in dein Leben ziehen oder eine bestehende Bindung stärken möchtest, die Verwendung von Magie kann dabei sehr hilfreich sein. Nutze Werkzeuge und Zutaten, die mit Liebe zu tun haben. Liebes- und Zaubertränke, bewusst und energiereich zubereitet, werden seit Jahrhunderten eingesetzt.

EINE NEUE LIEBE ANZIEHEN: Bereite ein Liebesöl zu, das deine Anziehungskraft erhöht. Um das Liebesöl anzusetzen, verdünnst du einige Tropfen eines ätherischen Öls wie Rose, Zitrone, Orange, Bergamotte oder Ylang-Ylang in einem Basis-Öl wie Jojoba, Olive oder Kokosnuss, bevor du die Mischung auf die Haut aufträgst. Alternativ kannst du auch echte getrocknete Kräuter in einem Glas ansetzen, doch diese Mischung braucht 6 bis 8 Wochen, bis sie stark genug ist.

BESTEHENDE BEZIEHUNGEN STÄRKEN: Bereite aus Kräutern, die die Liebe fördern, einen Tee, um die Liebesenergie zwischen dir und deinem Partner zu intensivieren. Dafür mischst du bis zu drei Teelöffel getrocknete Rosenblätter, Hibiskus- und Lavendelblüten in einem Tee-Ei oder -Beutel. Mit kochendem Wasser übergießen und etwa zehn Minuten ziehen lassen, dann abgießen und genießen. Wenn du diese Erfahrung mit dem geliebten Menschen teilen möchtest, überreiche ihm den Trank als Geschenk, das mit deinen eigenen Gefühlen von Liebe und Zuneigung aufgeladen ist. Ein aufrichtig gemeintes Geschenk entfaltet zu jeder Zeit eine kraftvolle Wirkung.

⋙⋙ GEMEINSCHAFTEN ⋘⋘

Ursprünglich wird Hexenkunst seit jeher in Gemeinschaften praktiziert, ob nun in einem Coven, einem Zirkel, einer rituellen Gruppe oder, in der letzten Zeit zunehmend, in Online-Communitys. Das Wort Coven leitet sich von dem lateinischen Verb *convenire* ab, was »zusammenkommen« bedeutet. Der Zweck eines Covens liegt genau darin: Man trifft sich mit gleichgesinnten Menschen, um gemeinsam bestimmte Ziele zu erreichen und daran zu arbeiten. Das können Zauber, Rituale, Feste oder auch der Austausch von Ideen sein. Heute treffen sich viele Hexen über das Internet oder in den sozialen Medien, feiern ihre Verbindung und verehren gemeinsam die Natur.

VERBINDUNG: Schon lange gilt die Hexenkunst als eine Art Zufluchtsort. Man findet dort Kraft, erlebt ein Gefühl der Zugehörigkeit und ist nicht Teil des Mainstreams. Ähnlich einem geweihten Ort, schaffen Hexen oft tatsächliche oder virtuelle Räume, wo andere sich sicher und angenommen fühlen können. Um ebenfalls in einer Gemeinschaft Magie praktizieren zu können, suche dir entweder eine Hexen-Community oder gründe deine eigene. Teile deine Überzeugungen, deine Kunst und deine Ideen mit anderen, die dir gern zuhören.

DIE NATUR: Hexen leben im Einklang mit der Natur. Sie feiern und verehren die natürlichen Kreisläufe der Jahreszeiten, der Planetenbahnen sowie die zunehmende und abnehmende Energie des Jahres. Zwischen der Sommer- und der Wintersonnenwende schwindet auf der Nordhalbkugel die Kraft der Sonne. Praktiziere in dieser Zeit Magie, die mit Ruhe, Entspannung, Schlaf, Erinnerung, Dankbarkeit, Loslassen und Vertreibung zu tun hat. Zwischen der Winter- und der Sommersonnenwende nimmt die Energie der Sonne wieder zu. Das ist die Zeit für Magie in Bezug auf Wiedergeburt, Erneuerung, Wachstum, Lebensfreude, Aktivität und Neuanfang.

NACHBARN

Unsere Freundinnen und Freunde können wir uns aussuchen, bei unseren Nachbarn ist das oftmals nicht der Fall. Fast jeder von uns hat oder hatte in seinem Leben Nachbarn. Und die Beziehung zu ihnen ist weit wichtiger, als jemanden zu haben, bei dem man sich im Notfall Zucker ausleihen kann. Ob du nun eine Beziehung zu deinen Nachbarn hast oder nicht, die Verbindung zu ihnen ist von großer Bedeutung in Bezug auf dein Gefühl von Sicherheit und Seelenfrieden. Arbeite auch in diesem Bereich daran, eine perfekte Hexe zu werden, indem du Akzeptanz, Zugehörigkeit und Respekt zu einem Teil deines Lebens machst.

MAGIE IN DER KÜCHE: Koche bewusst und mit Zutaten, die die gewünschten Eigenschaften wie Frieden, das Gefühl, willkommen zu sein, Akzeptanz und Respekt fördern. Die einfachste Art, Magie in der Küche zu verwenden, ist der bewusste Einsatz von Gewürzen. Schau dich einmal um, was in deinem Vorratsschrank vielleicht schon vorhanden ist. Jedes Gewürz besitzt seine eigene Energie und Bedeutung. Erstelle eine Liste aller Kräuter und Gewürze, die du hast, und recherchiere, welche magischen Eigenschaften sie besitzen. Notiere und plane ein paar Gerichte, die du ausprobieren möchtest. Dann lade deine Nachbarn zum Essen ein und koche achtsam und mit dem gewünschten Ziel vor Augen.

Du bist dir nicht sicher, ob du schon bereit bist, für deine Nachbarn zu kochen? Dann bitte sie stattdessen zum Tee oder Kaffee. Tee hat eine reinigende, klärende Wirkung und ist gut geeignet für einen Neuanfang oder gedankliche Reflexion, während Kaffee dabei helfen kann, sich zu erden, Blockaden zu überwinden und inneren Frieden zu finden.

FEINDE ODER KONKURRENTEN

Vielleicht gibt es einen Menschen, bei dem du das Gefühl hast, dass er oder sie dich in einem Lebensbereich herausfordert. Wettbewerb ist an sich nichts Schlechtes, doch er kann ungesund oder toxisch werden. Dann erzeugen solche Situationen Druck oder Stress in deinem Leben. Die Hexenkunst kann sehr hilfreich dabei sein, gut mit Konkurrenz umzugehen, ohne jemandem Schaden zuzufügen. Viele Menschen denken bei Hexenkunst im Zusammenhang mit Rivalen als Erstes an Flüche, Verwünschungen oder andere böse Dinge. Den meisten ist gar nicht bewusst, dass Hexenmagie gegenseitiges Verständnis, Vertrauen, Verbundenheit und Heilung ebenso wirkungsvoll fördert. Wir sollten uns darum bemühen, Magie und Hexenkunst für das Gute einzusetzen.

KONKURRENZ ODER RIVALITÄT: Überlege dir eine Beschwörung oder einen Gesang und wiederhole die Worte in Zeiten von Konkurrenz und Wettbewerb. Konzentriere dich auf deine innere Stärke und auf die Schaffung positiver Energie. Lege die Hand auf dein Herz und singe leise: »Ich rufe Frieden, Mut und Zuversicht herbei und lasse Neid, Hass und Eifersucht los.«

MOBBING UND SCHIKANE: Stelle eine kleine Puppe her, die deinen Platz als Opfer der Schikanen einnimmt. Mit Puppen lassen sich Analogiezauber durchführen, die den Fokus von dir weg und auf das neue Zielobjekt hinlenken. Schneide dafür aus einem alten T-Shirt ein puppenförmiges Stück heraus, nähe entlang der Ränder und drehe es von innen nach außen, bevor du es nach dem Füllen ganz zunähst. Du kannst dabei deiner Kreativität freien Lauf lassen. Wichtig bei der Herstellung deiner Puppe ist, dass du Dinge verwendest, die dir gehören und von deiner Energie erfüllt sind. Fülle die Puppe mit Rosmarin für Schutz und Abwehr sowie mit rotem Pfeffer für Kraft und Geborgenheit.

FOKUS

DER URSPRUNG DER ZAUBEREI

Das englische Wort *to spell* für zaubern leitet sich von dem angelsächsischen Wort *spel* ab, welches »sprechen« oder »Geschichte« bedeutet. Zaubersprüche haben die Geschichte der Menschen von Anfang an begleitet. Schon die Griechen und Römer nutzten Zauberei, um zu verwünschen, zu schützen, zu heilen, zu verbinden und zu beschwören. In diesen Kulturen verwendete man Fluchtafeln, Opfergaben an Gottheiten, Schutzamulette und Kräutertränke. Viele Menschen trugen Halsketten und Gegenstände mit eingravierten Buchstaben und Symbolen, die sie vor dem Bösen und vor Krankheiten schützen sollten. Kurz gesagt: Menschen haben schon immer Zauberei genutzt, um Wünsche zu erfüllen und Sehnsüchte zu befriedigen. Ein anderes seit jeher verwendetes Hilfsmittel bei der Zauberei sind Analogie-Objekte. Du kannst sie dir als eine zeitlose Verbindung zwischen alten Mythen und Gottheiten sowie zur Geschichte und Folklore einer Kultur vorstellen. Mithilfe dieser Objekte kannst du einen Blick in die Vergangenheit werfen und die tiefere Bedeutung der Gegenstände um dich herum verstehen. Sie verweisen auf die ursprüngliche Verbindung zwischen der symbolischen Bedeutung eines Gegenstandes und seinem Zweck.

FOKUS

DIE VORRATSKAMMER EINER HEXE

Neben magischen Hilfsmitteln benötigen Hexen auch eine gut gefüllte Vorratskammer, in der sich Kräuter, Gewürze, Öle und Pflanzenextrakte befinden. Viele dieser Dinge bekommst du im Lebensmittelhandel vor Ort, weniger gebräuchliche Zutaten kaufst du am besten in speziellen Hexenläden oder bestellst sie online. Keine Sorge, dein Vorratsschrank muss keinesfalls vollständig sein! Vermutlich befinden sich einige der Zutaten sogar bereits in deinem Küchenschrank. Hier eine Liste bekannter Kräuter, die du wahrscheinlich in deinem Gewürzregal hast:

- **BASILIKUM**: Glück, Wohlstand, Harmonie, Geld, Frieden, Reinigung
- **INGWER**: Gleichgewicht, Erdung, Liebe, Klarheit, Geld, Erfolg, Energie, Stabilität
- **KREUZKÜMMEL**: Schutz, Liebe, Treue, Austreibung von bösen Geistern, Fülle, Schutz vor Diebstahl
- **OREGANO**: Schutz, Kreativität, Reisen, Freiheit, Liebe, Glück, Träume
- **ROSMARIN**: Reinigung, Stärke, Schutz, Erinnerung, Heilung, Geld
- **SCHWARZER PFEFFER**: Schutz, Vertreibung von negativer Energie und Eifersucht, Abwehr
- **THYMIAN**: Heilung, Reinigung, Mut, Schlaf, Liebe, übersinnliche Fähigkeiten, Träume
- **ZIMT**: Spiritualität, Liebe, Schutz, Geld, Energie, Erfolg, Stärke

Kapitel 3

Magie im ALLTAG

Du trägst die Kräfte einer perfekten Hexe in dir – nutze sie! Am besten fängst du mit deinem eigenen Zuhause an. In Kapitel 1 haben wir gesehen, in welchen Bereichen unseres Lebens Magie hilfreich sein kann. Die Routinetätigkeiten des Alltags bieten eine ausgezeichnete Gelegenheit, Magie in dein Leben zu integrieren. Nicht nur in der Schule, im Fitnessstudio, bei der Arbeit, bei der Begegnung mit anderen Menschen oder bei Alltagsaktivitäten hilft uns Magie, jeden Aspekt unseres Lebens in einer bestimmten Weise planvoll zu beeinflussen. Im folgenden Abschnitt wollen wir uns die Lebensbereiche genauer ansehen, wo es Magie gibt, mit der wir uns verbinden können.

Dein Zuhause ist der Ort, wo du dich entspannen, deine Akkus wieder aufladen und ganz du selbst sein kannst. Wenn du dort Magie anwendest, wird dir das helfen, Dinge in deinem Leben zu manifestieren, für Klärung und Reinigung zu sorgen sowie Schutz, Geborgenheit, Harmonie und Gleichgewicht in dein Leben zu holen.

Praktiziere Hexenkunst in deinem Zuhause, um Inspiration und Kreativität zu fördern, sichere Orte zu schaffen, in der Küche etwas zuzubereiten, deinen Garten zu pflegen oder die Hilfsmittel zu nutzen, über die du bereits verfügst. Und das Beste ist: Während du das tust, wirst du feststellen, dass die perfekte Hexe in dir nur darauf wartet, dass du loslegst!

Ein Hauszauber oder Magie im eigenen Zuhause kann hervorragend mit minimalen Zutaten oder bereits vorhandenen Hilfsmitteln durchgeführt werden. Du wirst überrascht sein, wie sicher du dich damit fühlst. Lerne, etwas bewusst zu erschaffen, Grenzen zu setzen und das Herz deines Zuhauses mit Magie zu erfüllen. Schau dir die magischen Eigenschaften der Dinge um dich herum genauer an, um anschließend der Welt mit mehr Zuversicht und Selbstvertrauen zu begegnen.

KÜNSTLERISCHES SCHAFFEN UND KREATIVITÄT

Wünschst du dir manchmal, kreativer zu sein? Richte dir ganz bewusst einen Bereich für deine Hobbys, künstlerische oder handwerkliche Tätigkeiten ein. Die Festlegung des Ortes sorgt dafür, dass dort kreatives Denken stattfinden kann. Egal, ob es sich um ein Atelier oder eine kleine Raumnische handelt, einen Platz für Kreativität zu schaffen, ist essenziell, damit sich Magie jeglicher Art manifestieren kann. Gib dir selbst Zeit und Raum für positive Energie und kreatives Wachstum.

FEUERZAUBER: Verbinde dich mit dem Element Feuer und seinen inspirierenden, aktivierenden Eigenschaften, indem du eine Kerze oder ein Räucherstäbchen anzündest. Verwende entweder eine gelbe oder eine orangefarbene Kerze, um die Kreativität zu fördern, oder auch ein Räucherstäbchen mit Zimtduft.

BOOK OF SHADOWS: Notiere alle Zauber, Rezepte, Rituale und/oder alle relevanten Praktiken der Hexenkunst, die dir gefallen haben, in einem Book of Shadows (Buch der Schatten, Abkürzung: BOS). Das Book of Shadows ist ein geweihtes Hilfsmittel, das jede Hexe persönlich für sich erstellt, um darin alles zu dokumentieren, was mit ihrer Hexenkunst in Verbindung steht. Sieh es als kreative Art und Weise, deine Reise als Hexe schriftlich festzuhalten.

GEWEIHTE ORTE

Lerne, wie du geweihte oder kreative Orte schaffst, wo du deine Magie frei von negativer Energie praktizieren kannst. Heutzutage wird Hexenkunst fast immer an einem Ort oder in einem Bereich des Zuhauses ausgeübt, der geweiht ist. Natürlich kann man Zauber und Rituale auch anderswo vollziehen, doch unser Zuhause ist der Ort, an dem die meisten von uns sich sicher und geborgen fühlen. Einen geweihten Ort kannst du an jeder beliebigen Stelle in deinem Zuhause schaffen. Ob du nun in einem Ein-Zimmer-Apartment oder in einem Haus mit mehr Räumen wohnst, es ist allein deine Entscheidung, wo der geweihte Ort sein soll. Du hast die Wahl, ob das nur ein bestimmter Platz in deinem Wandschrank sein soll oder ein ganzer Tisch. In deinem Zuhause kannst du alle möglichen Zauber und Rituale vollziehen; ganz wichtig ist jedoch, dass du jedes Mal eine Reinigung durchführst, wenn du Magie anwendest – oder wenn du das Gefühl hast, dass es wichtig ist.

REINIGUNGSZAUBER: Ähnlich wie materielles Gerümpel zieht jedes Zuhause eine ganze Menge hemmende und unerwünschte Energien an. Wenn du diese regelmäßig entfernst, wirst du dich deutlich erfrischter fühlen. Führe daher regelmäßig eine Reinigung durch, vor allem, wenn jemand krank war, wenn es Streit gab, in Übergangsphasen oder wenn du dich in irgendeiner Weise unwohl fühlst. Verwende dazu Räucherstäbchen oder stelle ein reinigendes Spray her, indem du Salz, Zaubernuss und ätherische Öle in einer Sprühflasche mit Wasser mischst. Verwende ätherische Öle wie Muskateller-Salbei oder Palo Santo, um eine besonders starke reinigende Wirkung zu erzielen.

KÜCHE

Ganz gleich, ob du in die Küche gehst, um dir eine Tasse Tee zuzubereiten, eine Mahlzeit zu kochen oder sauber zu machen, dort gibt es überall jede Menge Magie. Ähnlich wie ein geweihter Ort ist auch die Küche ein ganz besonderer Platz für jede Hexe. Wenn du die richtigen Zutaten hast, sind die Möglichkeiten für das, was du dort schaffen kannst, nahezu grenzenlos. Die meisten Küchenhexen verbringen viel Zeit damit, Gewürze und Zauberöle zu sammeln und allerlei Selbstgemachtes für Heil- und Reinigungszwecke herzustellen.

SEGNUNGEN: Segne jeden Gegenstand, den du herstellst, und lade ihn mit deiner zielgerichteten Energie auf. Bevor du eine Mahlzeit zubereitest, reinige die Küche wie zuvor erwähnt von alten Energien und wähle anschließend deine Zutaten ganz bewusst aus. Finde heraus, womit jeder einzelne Bestandteil verbunden ist, und bedenke, wofür er mit seiner Symbolkraft steht.

- **Äpfel:** Liebe, Erfolg
- **Aprikosen:** Liebe, Entspannung
- **Avocados:** Fruchtbarkeit, Schönheit, Liebe
- **Bananen:** Fruchtbarkeit, Potenz, Erfolg
- **Beeren:** Heilung, Liebe, Schutz, Kraft
- **Bohnen:** Schutz, Versöhnung
- **Erbsen:** Liebe, Wohlstand
- **Granatäpfel:** Hellsehen, Glück, Wohlstand, Wünsche, Fruchtbarkeit
- **Gurken:** Heilung, Fruchtbarkeit, Schönheit
- **Karotten:** Fruchtbarkeit, Liebe, Leidenschaft
- **Kartoffeln:** Schutz, Puppenzauber, Heilung, Stärke, Erdung
- **Kokosnüsse:** Schutz, Reinigung
- **Mais:** Glück, Erfolg, Hellsehen, Schutz
- **Reis:** Segen, Geld, Erfolg, Fruchtbarkeit, Schutz, Wohlstand
- **Salat:** Schutz, Heilung, Hellsehen
- **Sellerie:** Geistige und übersinnliche Kräfte, Konzentration
- **Tomaten:** Liebe, Gesundheit, Erfolg, Leidenschaft, Schutz
- **Zitrusfrüchte:** Gesundheit, Glück, Liebe
- **Zucchini:** Erfolg, Schutz
- **Zwiebeln:** Erfolg, Stabilität, Schutz, Vertreibung negativer Energie

PFLANZEN IM HAUS ODER IM FREIEN

Besitzt du nur eine Pflanze – oder zwanzig? Vielleicht hast du ja auch einen Kräutergarten oder kaufst oft Blumen auf dem Markt? Wenn du Pflanzen jeglicher Art zu Hause hast und sie versorgst, kannst du dich auf diese Weise mit der Natur und ihrer Energie verbinden. Ein Garten ist etwas Wunderbares, doch das bedeutet nicht, dass du Pflanzen anbauen und ernten musst. Auch ein kleiner Kräutergarten im Haus ist schön, oder aber du genießt es einfach, von Zeit zu Zeit einen hübschen Blumenstrauß auf den Tisch zu stellen. Wenn du dir echte Pflanzen besorgst, bietet das wunderbare Möglichkeiten, sie in deiner Hexenkunst einzusetzen.

ZIMMERPFLANZEN: Lade die Pflanzen mit deiner Energie auf und schaffe Mini-Rituale für Wachstum, die Manifestation von Wünschen oder andere Ziele, die dir wichtig sind. Züchte einen Kaktus, kaufe eine Pflanze oder ziehe eine aus einem Samen, wenn in deinem Leben etwas Neues beginnt. Übertrage deine Pläne und Ziele auf die Pflanze. Du kannst auch das Gießen in Form eines kleinen Rituals ausführen und dabei beispielsweise Affirmationen aussprechen oder singen: »Egal, was in meinem Leben geschieht, ich kann damit umgehen und erfolgreich sein.«

PFLANZENEXTRAKTE/TROCKENPFLANZEN: Hänge Blumen oder Sträuße verkehrt herum zum Trocknen auf, damit sie ihre Form behalten. Diese Trockenpflanzen kannst du anschließend in kleine Zauberbeutel füllen oder für Zauberöle, Badesalz und zur Einreibung von Kerzen oder Zugabe zu Räucherwerk im Sinne deiner persönlichen Ziele verwenden.

BADEZIMMER

Das Bad ist der perfekte Ort für Selbstliebe- und Schönheitszauber oder für erste Versuche mit Glamour-Zauber, also jedem Zauber, bei dem du deine ganz persönliche Aura sowie dein Erscheinungsbild nutzen kannst, um mit positiver Energie deine Ziele zu erreichen. Im Badezimmer hast du Zugang zum Element Wasser, zu Hilfsmitteln, die du täglich verwendest, und zu Spiegeln. Lass dein Bad zu einem sicheren Ort werden, an dem du dich mit deinem Körper verbinden und dein Selbstvertrauen stärken kannst, um deine Wünsche oder Absichten zu manifestieren.

GLAMOUR-ZAUBER: Nutze deine Kleidung und deine persönlichen Produkte, um dein Selbstvertrauen zu stärken und dich mit deinen Zielen zu verbinden, sodass deine innere Energie gesteigert wird. Verwende Hilfsmittel wie Make-up, Parfum, Öle, Kristalle oder Schmuck, um dich mit Energie aufzuladen.

BADEZAUBER: Füge deinem nächsten Bad eine Tasse Bittersalz hinzu und intensiviere die dadurch entstehende Energie, indem du eine Kerze anzündest oder ein paar Tropfen eines entspannenden ätherischen Öls wie beispielsweise Lavendel hinzugibst. Zusätzlich kannst du mit passenden Meditationen, Visualisierungen oder Affirmations-Gesängen arbeiten.

SPIEGELZAUBER: Spiegel eignen sich ausgezeichnet, um Magie zu absorbieren, zu verstärken oder umzuleiten. Oft werden sie mit negativen Assoziationen in Verbindung gebracht, doch sie sind keineswegs gefährlich. Wenn du mit Spiegeln arbeitest, solltest du positiv gestimmt sein und eine geistige Stärke in dir spüren. Zeichne nach dem nächsten Duschen mit dem Finger eine selbst entworfene Sigille für Selbstsicherheit oder Selbstliebe auf den Spiegel. Du kannst dich auch auf dein Spiegelbild konzentrieren und eine Affirmation wiederholen, wie beispielsweise: »Ich habe Kraft, ich bin selbstbewusst, ich liebe mich selbst.«

Seife

FOKUS

GRUNDLAGEN DER REINIGUNG

Alle magischen Hilfsmittel müssen vor der Benutzung gereinigt werden. Wenn du die zurückgebliebene Energie nicht von den Gegenständen entfernst, kann es passieren, dass du unabsichtlich die Energie von jemand anders in Anspruch nimmst.

- **WASSER**: Das Element Wasser ist seit jeher für seine ausgezeichneten reinigenden Eigenschaften bekannt. Du kannst jede Art von Wasser benutzen und für zusätzliche Kraft auch mit der Energie des Mondes oder von Blumen aufgeladenes Wasser verwenden.
- **SALZ**: Salz reinigt Dinge und lädt sie mit seiner Energie auf. Pass jedoch auf, dass du es nicht bei Gegenständen verwendest, die rosten könnten.
- **SEIFE**: Seife aus naturbelassenen Bestandteilen eignet sich sehr gut, um Schmutz oder hartnäckige Energien von einem Objekt zu entfernen. Arbeite zunächst mit Olivenöl-Seife, da diese besonders sanft ist.
- **FEUER**: Die Reinigung mithilfe von Feuer funktioniert besonders gut bei Objekten aus Metall. Zünde eine Kerze an und ziehe den Gegenstand rasch über die Flamme. Achte dabei darauf, dass er nicht zu heiß wird.
- **RAUCH**: Der Rauch von Räucherstäbchen oder Kräutern eignet sich ebenfalls hervorragend, um Gegenstände zu reinigen. Hierfür kannst du alle Arten von getrockneten Pflanzen, Harze und Kräuterpulver nutzen, darunter Rosmarin, Lavendel, Salbei, Thymian, Lorbeer, Katzenminze, Minze, Kiefernnadeln und viele andere.

Kapitel 4

Hellsehen und INTUITION

Beim Hellsehen geht es darum, Erkenntnisse über das Unbekannte zu gewinnen. Hexen können auf diese Weise die großen Fragen des Lebens erkennen und Antworten darauf finden. Hellsehen ist ein mächtiges Werkzeug und kann auf vielerlei Weise in die Hexenkunst eingebunden werden. Wenn eine Methode für dich nicht funktioniert, gib nicht auf, sondern probiere es mit einer anderen.

Die meisten Hexen fangen zunächst mit Tarot-Karten an, doch es können auch Orakelkarten, Steinorakel, Oghamstäbchen, Kristallo- und Pyromantie, Pendel, Numerologie, Astrologie, Intuition, verschlüsselte Botschaften und automatisches Schreiben zum Einsatz kommen. Im Folgenden werden wir die unterschiedlichen Bereiche des Hellsehens näher betrachten, sodass du herausfinden kannst, was davon sich für dich gut anfühlt.

Es ist ein großer Irrglaube, dass man über hellseherische Fähigkeiten verfügen muss, um hellsehen zu können. Jeder Mensch, der den Wunsch hat, ganz auf seine Intuition zu vertrauen, kann die vielen Formen der Hellseherei praktizieren. Auch wenn man nicht mit übersinnlichen Kräften zur Welt gekommen ist, kann man die Kunst des Hellsehens erlernen!

Intuition ist das, was wir oftmals Bauchgefühl nennen, oder auch deine angeborene innere Stimme. Dieses Gefühl ermöglicht es uns, etwas zu wissen, ohne dass es dafür einen logischen Grund gibt. Hast du schon einmal ein »schlechtes Gefühl« in Bezug auf etwas gehabt, ohne sagen zu können, warum? Oder vielleicht hast du, als du neulich ausgehen wolltest, plötzlich das Gefühl gehabt, auf jeden Fall etwas ganz Bestimmtes anziehen zu müssen? All das sind Beispiele dafür, dass deine Intuition dir instinktiv Botschaften übermittelt.

Alles, was du tun musst, ist, achtsam zu sein und zuzuhören. Du wirst angenehm überrascht sein, wie viel dir deine Intuition zu sagen hat! Sie ist immer da, um dafür zu sorgen, dass du dich sicher und glücklich fühlst, indem sie dich vor Bedrohungen und negativer Energie warnt. Dabei weiß sie stets, was in deinem Herzen los ist, selbst wenn es dir selbst gar nicht so klar ist. Deine Intuition hilft dir, Dinge wahrzunehmen, die jenseits deines logischen Denkens und deiner Ängste existieren, und das zu tun, was sich richtig anfühlt. Lass dich von ihr führen und finde auf diese Weise eine tiefere Verbindung mit deinem Inneren und ein stärkeres Bewusstsein für dich selbst.

TAROT- UND ORAKELKARTEN

Tarot- und Orakelkarten ermöglichen das Hellsehen mithilfe von Bildkarten. Dabei sind die beiden Kartensätze unterschiedlich aufgebaut. Tarotkarten umfassen fast immer 78 Karten, die aus den 22 Karten der großen Arkana und 56 Karten der kleinen Arkana bestehen. Die kleinen Arkanakarten lassen sich in vier Gruppen unterteilen: Kelch, Stab, Schwert und Pentakel. Orakelkarten haben oftmals keine feste Struktur, und es gibt sie in Sätzen von 20 bis zu 100 Karten. Keines der beiden Kartensysteme ist besser als das andere, und viele Hexen verwenden beide in ihrer Arbeit.

KARTE DES TAGES: Um die Arbeit mit den Karten deiner Wahl zu lernen, ziehst du zunächst eine Karte des Tages und notierst ihre Botschaft in einem Tagebuch. Um dir die Botschaft zu erschließen, nimm dir einige Minuten Zeit und betrachte die Karte eingehend. Achte auf die Farben, die Symbole, auf das, was auf der Karte dargestellt ist und welche Gefühle es in dir auslöst. Deine Intuition wird dir dabei helfen, die Botschaft der Karte zu verstehen und zu erkennen, was sie für deinen Tag bedeuten könnte.

Du kannst auch das Begleitbuch durchlesen, das dem Kartenset beiliegt; doch alles, was darin steht, basiert auf logischen Prozessen, nicht auf deiner Intuition. Wenn du bereit bist, ziehe weitere Karten und beginne, umfassender aus ihnen zu lesen. Oftmals kombiniert man zwischen drei und zwölf Karten, doch du kannst jede beliebige Anzahl verwenden. Je mehr Karten du hinzufügst, desto mehr Inhalte musst du miteinander in Verbindung bringen.

WURFSTEINE, RUNEN UND OGHAMSTÄBCHEN

Das Steinewerfen wird auch Lithomantie genannt und ist die einfachste Möglichkeit, mit Steinen hellseherisch zu arbeiten, da man dafür kein spezielles Alphabet wie beispielsweise Runen oder die Ogham-Schrift lernen muss. Man verwendet dafür glatte Steine oder rund geschliffene Kristalle.

Du kannst deine Wurfsteine mit jedem Symbol versehen, das eine Bedeutung für dich hat, und du kannst eine beliebige Anzahl von Steinen verwenden. Entscheidend ist, dass du deinen eigenen Steinen Bedeutung verleihst.

Runen hingegen umfassen das ältere Futhark-Alphabet und bestehen aus 24 Buchstaben. Diese werden auf glatte Steine geschrieben, und ihre Bedeutung erschließt sich in ähnlicher Weise wie beim Kartenlegen.

Die Ogham-Schrift stammt aus dem frühen Mittelalter und umfasst 20 Buchstaben. Sie werden oft in Holzstäbchen geritzt und ebenso verwendet wie Wurfsteine oder Runen. Die Kunst des Wahrsagens mit Hölzern wird auch als Xylomantie bezeichnet.

Allen drei Methoden der Hellseherei ist die Art und Weise gemein, wie sie gelesen werden. Du kannst die Steine oder Stäbchen in einen Beutel geben, schütteln und dann auf den Tisch kippen. Achte darauf, welche Symbole so fallen, dass sie zu erkennen sind.

DEIN EIGENES ORAKEL: Stelle deine eigenen Wurfsteine her. Sammle dazu eine Anzahl an Steinen oder rund geschliffenen Kristallen und zeichne mit einem Permanentmarker Symbole darauf, die für dich und deine Hexenkunst wichtig sind.

KRISTALLOMANTIE, PYROMANTIE UND PENDELN

Du kannst dir deine verborgenen übersinnlichen Kräfte auch durch weitere Methoden nutzbar machen. Kristallomantie beschreibt die Kunst, beim Blick auf reflektierende Oberflächen intuitive Botschaften oder Visionen zu empfangen; ein bekanntes Beispiel hierfür ist der Blick in eine Kristallkugel, um die Zukunft zu erahnen. Bei der Pyromantie geschieht dies unter Verwendung von Feuer. Visionen oder Botschaften, die du hierbei empfängst, beziehen sich oftmals auf zukünftige Ereignisse.

VERWENDUNG VON SPIEGELN ODER KRISTALLEN: Das Hellsehen mit Spiegeln wird auch als Katoptromantie bezeichnet. Man blickt dabei auf einen Spiegel oder auch auf einen blank polierten Obsidian oder Quarzkristall, um vor dem geistigen Auge Worte oder Visionen zu erkennen.

VERWENDUNG VON WASSER: Die auch als Hydromantie bezeichnete Methode ermöglicht es, beim Blick in eine Schale Wasser Botschaften zu empfangen. Beim Antippen der Wasseroberfläche mit einem magischen Hilfsmittel wie etwa einem Zauberstab erzeugt man kleine Wellen, die ebenfalls intuitive Botschaften vermitteln können.

VERWENDUNG VON FEUER: Bei dieser auch Pyromantie genannten Methode blickst du in eine Kerzenflamme und beobachtest, welche Botschaften oder Formen du im Flackern und Tanzen des Feuers erkennen kannst.

PENDELN: Bei dieser Form des Hellsehens wird ein Objekt verwendet, welches Energie empfangen und übertragen kann. Üblich sind heutzutage ein Pendel und ein Brett. Auf einem Pendelbrett sind oftmals die Buchstaben das Alphabets sowie Worte wie »ja«, »nein« und »vielleicht« zu sehen. Ein Pendel ist ein gewichtetes Stück Kristall oder Metall, das so an einem Angelpunkt befestigt ist, dass es frei schwingen kann.

NUMEROLOGIE UND ASTROLOGIE

Trotz ihrer Unterschiedlichkeit beschäftigen sich sowohl die Numerologie als auch die Astrologie mit bedeutungsvollen Symbolen und der Art und Weise, wie sie sich auf unser Alltagsleben auswirken. Die Astrologie befasst sich mit den Himmelsbewegungen und -veränderungen, und Astrologen verwenden Geburts- oder andere Horoskope, um Einblick in die Vergangenheit und Gegenwart zu bekommen. In der Numerologie geht es um Zahlen und ihre Bedeutung; Numerologen befassen sich mit den Zahlen, die im Leben eines Menschen besonders prägend sind.

Beide Methoden arbeiten mit den Geburtsdaten ihrer Klienten. Hexen nutzen diese hellseherischen Praktiken, weil sie spirituelle und magische Bedeutung haben. Auch du kannst Numerologie und Astrologie bei deiner Zauberei verwenden.

ASTROLOGIE: Such dir online ein kostenloses Tool oder eine App, um dein eigenes Horoskop zu erstellen und dich näher mit der Astrologie zu beschäftigen. Dafür musst du deinen Geburtsort, deinen Geburtstag und deine genaue Geburtszeit angeben. Finde dein Sonnenzeichen, dein Mondzeichen und deinen Aszendenten heraus und erfahre auf diese Weise mehr über deine Persönlichkeit. Dein Sonnenzeichen entspricht deiner Identität, dein Mondzeichen weist auf Emotionen und Bedürfnisse hin, und dein Aszendent hat mit deiner Persönlichkeit und deiner Wirkung auf andere zu tun. Wenn du möchtest, kannst du deine Zaubersprüche der Stellung der Planeten in deinem Horoskop anpassen.

NUMEROLOGIE: Trage dein Geburtsdatum online in einen Lebenszahl-Rechner ein, um deine Lebenszahl zu erhalten. Diese gibt Aufschluss über deine Persönlichkeit, deine Einstellung und die Herausforderungen in deinem Leben. Sobald du deine Lebenszahl kennst, versuche sie in einen Zaubergesang oder eine Zutatenliste innerhalb deiner Hexenkunst zu integrieren.

WEITERE METHODEN DES HELLSEHENS

Es gibt zahllose weitere Methoden, um durch Hellsehen Botschaften zu empfangen. Die meisten Bezeichnungen enden auf -mantie, abgeleitet vom Griechischen manteía (»Zukunftsdeutung«), und beschreiben Möglichkeiten, mithilfe von Gegenständen oder Ereignissen Einblicke oder Botschaften zu erhalten. Es braucht für jede Methode etwas Geduld und Übung. Sieh dir die Liste an und horche in dich hinein, ob irgendeine davon dich anspricht und du sie ausprobieren möchtest.

- **Aeromantie:** Himmelsphänomene wie Wolken, Vögel, Wettererscheinungen
- **Aleuromantie:** Mehl oder Backwaren
- **Astragalomantie:** Knochen oder Würfel mit Symbolen
- **Axinomantie:** Axtspuren in Holz
- **Belomantie:** Pfeile mit Botschaften
- **Bibliomantie**: das Öffnen eines Buches auf einer beliebigen Seite
- **Ceromantie:** Botschaften aus geschmolzenem Wachs
- **Chiromantie:** Handlesen
- **Cleromantie:** Losentscheid
- **Dactyliomantie:** Pendeln mit Fingerringen
- **Geomantie:** Geometrische Linien oder Formen
- **Gyromantie:** im Kreis laufen oder sich drehen
- **Hydromantie:** Wasser oder Flüssigkeit
- **Kartomantie:** das Lesen von Spielkarten
- **Lecanomantie:** eine Form der Hydromantie, bei der eine Schale mit Wasser verwendet wird
- **Lithomantie:** Runen oder Wurfsteine
- **Nekromantie:** Kommunikation mit Geistern
- **Oneiromantie:** Botschaften aus Träumen
- **Onomantie:** Buchstaben des Namens
- **Oomantie:** Eierorakel
- **Ornithomantie:** Vogelflug
- **Osteomantie:** Knochen
- **Phyllomantie:** Blätterrauschen der Bäume
- **Psephomantie:** Kieselsteine
- **Pyromantie:** Feuer oder Flammen
- **Rhabdomantie:** Wünschelruten
- **Tasseomantie:** Lesen aus Teeblättern
- **Xylomantie:** Weissagungen mithilfe von Holzstäbchen o.Ä.

FOKUS

DEINE INNERE KRAFT

Wenn wir davon sprechen, dass wir Kraft schöpfen, aufbauen oder unsere innere Kraft nutzen wollen, dann geht es dabei stets um die Energie, die wir bereits in uns tragen, und darum, über wie viel Kraft wir verfügen. Dabei setzt du Methoden ein, mit denen du Energie gezielt kanalisieren kannst. Wenn du die Energie aus deiner Umgebung beeinflusst und in gezielte Bahnen lenkst, baust du auf diese Weise gewissermaßen deine ganz persönliche Hexenkraft auf. Mithilfe dieser Einflussnahme kannst du die Energie um dich herum steuern und lenken und auf diese Weise stärkere Zauber bewirken.

Deine Zauber basieren auf deiner persönlichen oder auch inneren Kraft und den magischen Hilfsmitteln oder besonderen Situationen, die du dir zunutze machst. Zauber ermöglichen es dir, deine Magie wirken zu lassen. Sie helfen dir dabei, Dinge in deinem Leben zu verändern und dein Vertrauen in dich selbst zu stärken.

So gibt es beispielsweise Zauber, die man am besten an einem ganz bestimmten Tag anwenden sollte, oder zu einer bestimmten Jahreszeit. Das hängt damit zusammen, dass die Energie an diesem bestimmten Tag oder in dieser Situation besonders günstig ist.

Kapitel 5

Magie für DICH SELBST

Der Begriff »Selbst« umfasst unterschiedliche Konzepte und Aspekte, darunter die Identität, das Selbstbild, Selbstachtung, Selbstvertrauen und Selbstwirksamkeit. Sie alle befassen sich mit der Wahrnehmung, die wir von uns selbst haben, und mit unseren Überzeugungen. Mithilfe dieser Ideen und Konzepte kannst du mehr darüber herausfinden, wer du bist – als Person und als Hexe.

In der Hexenkunst geht es im Kern um Heilung, Akzeptanz und um Veränderungen geistiger, emotionaler, physischer und spiritueller Art. Zauber, die Selbstliebe und Selbstfürsorge stärken sollen, sind ein wunderbares Beispiel für Magie, die sich ausschließlich auf uns selbst bezieht. Wenn wir Magie auf uns selbst anwenden, ist das die ideale Methode, um unsere Kunst zu perfektionieren und unsere Kräfte zu stärken.

Historisch gesehen waren die ersten Hexen weise Frauen oder Naturheilerinnen, die Veränderungen herbeiführten und andere Menschen förderten und versorgten. Aufgrund von Missverständnissen und der Angst vor dem Unbekannten wurden sie oftmals Opfer von Verfolgung. Auch heute finden wir noch häufig die Vorstellung, dass Hexen böse sind und schwarze Magie betreiben.

Heilung ist ein Prozess, bei dem es um Veränderung und Wiederherstellung geht. Egal, ob du deine Reise in die Welt der Hexenkunst gerade erst beginnst oder deine magischen Fertigkeiten weiter ausbauen möchtest, dieses Kapitel wird dir helfen, aktiv zu werden und dich als Hexe weiterzuentwickeln. Lass deine Magie hell strahlen, frei von Einschränkungen oder Angst!

Im Folgenden werden wir einen genaueren Blick auf die unterschiedlichen Möglichkeiten werfen, wie du deine Rolle als Hexe und dein Selbstbild miteinander verbinden kannst. Heilung ist, wie die Hexenkunst, ein lebenslanger Prozess des Lernens, Endeckens und der Akzeptanz deiner inneren und äußeren Natur.

SELBSTBILD, HEILUNG UND BEFREIUNG

Wie siehst du dich selbst, und wie glaubst du, dass andere dich sehen? Wie du dich siehst und was du dir vorstellst, beeinflusst ganz unmittelbar auch andere Aspekte von dir selbst. Du kannst eine klare Haltung einnehmen und dich genau in diesem Moment entscheiden, dich von einem negativen Selbstbild zu befreien und dein positives Selbstbild zu stärken, um Heilung zu erfahren. Sobald der Befreiungs- und Heilungsprozess begonnen hat, fühlst du dich nicht nur in Bezug auf dich selbst besser, sondern wirst zugleich resilienter.

SPIEGELZAUBER: Benutze einen Spiegel für einen Selbstwertzauber. Nimm dafür einen einfachen, kompakten Handspiegel und zeichne auf die Rückseite ein Pentakel oder eine passende Sigille. Dann klappe ihn auf, betrachte dein Spiegelbild und fang an, deine guten Eigenschaften aufzuzählen. Wiederhole sie mehrmals. Bei jeder Wiederholung fügst du eine weitere positive Eigenschaft hinzu.

REINIGUNGSZAUBER: Negative Gedanken und Gefühle durch Reinigung zu entfernen, ist eine gute Methode, um ungewollte Gedanken und Energien von dir und deinem Zuhause fernzuhalten. Stelle deine eigene Räucher- oder Kräutermischung zusammen oder nutze ein Räucherstäbchen, das du spontan und intuitiv auswählst. Wenn du Aromen besorgst, halte nach Mischungen Ausschau, bei denen die Bestandteile aufgelistet sind, und vermeide künstliche Inhaltsstoffe. Sei ganz präsent und stelle dir vor deinem geistigen Auge konkret vor, wie die Rauchschwaden die negative Energie wegschieben.

SELBSTWERTGEFÜHL, GEISTIGE ARBEIT UND HINDERNISSE

Wenn du mit deinem Geist arbeitest, wirst du dich oftmals Hindernissen, Zweifeln und zahllosen unterschiedlichen Meinungen, sowohl von dir selbst als auch von anderen, gegenübersehen. Wertschätzung spielt hier eine große Rolle, denn sie hat Einfluss auf dein Selbstbild und deine Selbsteinschätzung. Schätzt und feierst du all deine Eigenschaften, Charakterzüge und Fähigkeiten? Oder kannst du nur wenige gute Eigenschaften, Persönlichkeitsmerkmale oder Fertigkeiten bei dir selbst wahrnehmen? Lass deine Hexenkunst dir dabei helfen, dich und alles, was du bist, täglich zu feiern und jeden Augenblick gegenwärtig zu sein. Du hast deine eigenen, ganz besonderen Eigenschaften, Charakterzüge und Fähigkeiten, die dich von jedem anderen Menschen unterscheiden. Deine Magie wird dir einen Weg weisen, der nur dir gehört.

CRYSTAL GRID: Crystal Grids werden auch Kristallgitter oder Steinmandalas genannt. Lege aus ausgewählten Kristallen ein Gitter oder Muster, das du mit bestimmten Absichten auflädst und aktivierst. Wähle die Anzahl der Steine mithilfe deiner Intuition aus, dann lass deine Hand über jedem einzelnen kreisen, sprich seine Eigenschaften und deine Zielsetzung laut aus und konzentriere dich auf das, was du dir wünschst. Visualisiere deine Energie und beobachte, wie sie jeden einzelnen Stein auflädt und aktiviert. Arbeite mit den Kristallen, die du besitzt, oder probiere welche von den unten genannten aus. Verwende Steine in den Farben rosa, rot, orange, gelb, braun oder durchsichtig, um deinen Geist mit neuer, kraftvoller Energie zu erfüllen und dein Selbstwertgefühl zu steigern.

SELBSTWERTGEFÜHL: Hierfür eignen sich besonders gut Achat, Bergkristall, Jaspis, Kalkspat, Karneol, Rhodonit, Rosenquarz, Sonnenstein, Tigerauge und Zitrin.

SELBSTIDENTITÄT, EMOTIONEN UND AKZEPTANZ

Deine Selbstidentität hängt eng mit dem zusammen, was dich als Individuum ausmacht. Sie umfasst deine Interessen, Fähigkeiten, Erfahrungen, Charakterzüge, Erinnerungen und Hobbys. Beschäftige dich intensiv mit dir selbst und deiner Hexenkunst, um die Verbindung zu deiner Magie zu stärken. Du wirst feststellen, dass du emotional ausgeglichener wirst und es dir leichter fällt, dich selbst zu akzeptieren.

HEXEN(KUNST)HANDWERK: Verbessere deine Fertigkeiten bei der Herstellung von Dingen, die dir Freude bereiten. Wie wäre es mit Püppchen, Zauberbeutelchen, Zaubertee, Räucherwerk und anderen Gegenständen dieser Art? Vielleicht kannst du tolle Sachen aus Kunstharz machen? Oder du bist richtig gut im Stricken oder begeistert von Tee? Perfektioniere deine Kunst in diesem Bereich. Auf diese Weise entdeckst du mehr und mehr die perfekte Hexe in dir. Du weißt nicht, welcher Bereich etwas für dich ist? Nimm dir Zeit für die Suche nach dem, was dir wirklich Spaß macht. Am besten sammelst du erst einmal Ideen und schreibst alles auf, was dich begeistern könnte.

GEMEINSCHAFT: Schließe dich einer Gruppe, einem Zirkel oder einer Online-Community an, die ähnliche Interessen wie du verfolgt. Nutze die sozialen Medien oder die Online-Suche, um andere Hexen und Menschen zu finden, die deine Leidenschaft teilen. Ergreife die Initiative, um bei Aktivitäten mitzumachen, die dich interessieren.

SELBSTVERTRAUEN UND UNSER KÖRPER

Bislang haben wir uns hauptsächlich damit beschäftigt, wie die Hexenkunst unser geistiges und seelisches Wohlbefinden steigern kann; doch wenn du deine Hexenkräfte nutzt, wirkt sich das auch positiv auf deinen Körper aus. Dein Tastsinn reagiert auf Druck, Temperatur, Vibration oder Schmerz. Diese Empfindungen verbinden dich mit der Natur um dich herum und erden dich. Um mit der physischen Magie, die dich umgibt, zu arbeiten und dein Selbstvertrauen zu stärken, versuche, den Kontakt zu den Elementen herzustellen:

ERDEN: Lass überschüssige Energie, die durch deine Magie oder die Interaktion mit anderen entstanden ist, abfließen, indem du deine Schuhe ausziehst, wenn

du das nächste Mal auf Gras, Erde oder Sand stehst. Wenn du mit geschlossenen Augen deine Zehen in den Boden gräbst und dich ganz auf deine Empfindungen konzentrierst, wird dich das physisch mit dem Element Erde verbinden. Fühle, wie dich die Erde stützt und Vertrauen und Zuversicht stärkt.

BADEZAUBER: Bereite dir ein Bad oder geh unter die Dusche, um die Präsenz des Wassers unmittelbar wahrzunehmen, und verbinde dich mit seinen reinigenden, heilenden und erfrischenden Eigenschaften. Nimm dir Zeit, um die belebende und erhebende Wirkung des Elements Wasser zu spüren. Öffne dich für das Gefühl, selbstsicher und erfrischt zu sein.

WIND UND WÄRME: Auch wenn sich diese beiden Elemente nicht so leicht berühren lassen, kann man sie fühlen. Setze dich vor ein Feuer und spüre, wie seine Wärme dich einhüllt, wärmt und ermutigt. Stelle dich an einem windigen Tag ganz ruhig hin und verbinde dich mit der Weisheit und der wechselnden Energie der Luft.

SELBSTWIRKSAMKEIT, GEISTESHALTUNG UND GLAUBE

Neben der physischen oder materiellen Seite gibt es auch die spirituelle. Mit ihrer Hilfe kannst du dich mit deinem ganz speziellen Weg, deinen Gedanken und Überzeugungen verbinden. Hexenkunst im Einklang mit Selbstwirksamkeit lässt dich den Glauben an dich selbst und deine Macht spüren. Hexenkraft kann Veränderungen in deinem Leben bewirken; in Verbindung mit spirituellen Praktiken kann sie dich leiten und dir ermöglichen, ganz im Hier und Jetzt zu sein, bewusst zu leben, offener für positive Energie und dankbarer zu werden.

TAGEBUCH SCHREIBEN: Nimm dir auch im Stress des Alltags Zeit, um Gedanken, Gefühle, Sorgen, Fragen, Erfahrungen oder Überlegungen aufzuschreiben, die dir wichtig erscheinen. Wenn du zu Beginn des Tages Tagebuch schreibst, notiere deine Absichten. Wenn du es am Abend tust, schreibe auf, was du erreicht hast.

GEBET: Ob du dabei nun an ein höheres Wesen oder deine eigene innere Kraft denkst, dir Zeit zu nehmen und um Hilfe oder Führung zu bitten, ist eine ganz persönliche Möglichkeit, dich mit der Magie in dir zu verbinden. Verknüpfe dein Gebet mit einem rituellen Moment, wie beispielsweise dem Neumond, um mehr Klarheit und Führung in Bezug auf die Richtung zu erhalten, in die du gehen möchtest.

MEDITATION: Während du im Gebet um Führung bittest, geht es bei der Meditation hauptsächlich darum, zuzuhören. Meditiere regelmäßig und höre, was dein Geist und dein Körper dir zu sagen haben. Verbinde deine Meditation mit einem Ereignis wie dem Vollmond, um deine Konzentration zu erhöhen und die Dinge klarer zu sehen.

FOKUS

GRENZEN DER MAGIE

Bevor du Magie und Zauber anwendest, mache dir bewusst, dass ein Zauber nicht wie die »Du-kommst-aus-dem-Gefängnis-frei«-Karte beim Monopoly funktioniert. Zauber haben ihre Grenzen, und sie verlieren irgendwann ihre Kraft. Sie können auch nicht im Handumdrehen all deine Probleme lösen: Es braucht Energie, Zeit, Einsatz, Konzentration und Überzeugung, damit sie wirken.

Zudem verändern sie die Energie um dich herum nur vorübergehend, nicht dauerhaft. Obgleich es kein festes Verfallsdatum für deine Zauber gibt, beginnen sie doch langsam schwächer zu werden, sobald sie angewendet wurden. Die meisten Zauber sind entweder ein paar Tage, Wochen oder Monate wirksam. Sie verschwinden schneller oder langsamer, je nachdem, wie viel Energie du für sie aufgewendet hast. Stell dir die Energie, die du in einen Zauber gesteckt hast, wie eine Batterie oder einen Akku vor. Das bedeutet, wenn du einem Zauber immer wieder neue Energie zuführst, indem du ihn auflädst oder wiederholst, kannst du verhindern, dass er schwächer wird.

Deine Magie ist so stark, wie du es bist, und ihre Grenzen liegen in dir, in deinen Zielen und deiner Kraft.

FOKUS

PERSONALISIERE DEINE HEXENKUNST

Du kannst deine Hexenkunst personalisieren, indem du dich mit deinen Sinnen verbindest. Dabei kannst du folgende Sinne ansprechen, um deinen Altartisch oder deinen geweihten Ort persönlicher zu gestalten:

SEHSINN: Platziere Kristalle, kleine Figuren, Bilder, Gegenstände in einer bestimmten Farbe, Kerzen oder andere Dinge an diesem Ort, die dir dabei helfen, dich selbst in einen neuen Bewusstseinszustand zu versetzen.

GERUCHSSINN: Du kannst Räucherstäbchen abbrennen, ätherische Öle verdampfen, eine Kerze anzünden oder eine eigene Mischung aus duftenden Kräutern herstellen, die dich dabei unterstützt, dich zu entspannen, und dir ein Gefühl von innerem Frieden vermittelt.

HÖRSINN: Spiele eine Playlist mit angenehmen Klängen oder andere gute Musik ab, die dich in einen Zustand meditativer Entspannung versetzt.

TASTSINN: Umschließe einen Kristall mit deiner Hand oder verwende ein Hilfsmittel wie beispielsweise einen Zauberstab, um Energie auf deinen Tastsinn zu lenken. Du kannst auch mit Mörser und Stößel Kräuter mahlen – eine großartige Möglichkeit, deinen Tastsinn auf dem Altar aktiv einzusetzen.

Kapitel 6

WELLNESS

für Hexen – dein Körper und du sind eins

Die Hexenkunst ist untrennbar mit Wohlbefinden und Heilung verbunden. Sie kann dir dabei helfen, die Veränderungen, die du dir für dich selbst und für die Welt um dich herum wünschst, herbeizuführen. In Kapitel 3 haben wir gesehen, wie du Selbstliebe praktizieren und Schönheitszauber in deinem Badezimmer anwenden kannst, und in Kapitel 5 haben wir uns mit verschiedenen Zaubern beschäftigt, die dem Selbstwertgefühl guttun. Doch das sind nicht die einzigen Möglichkeiten, wie du Hexenkunst einsetzen kannst, um dich gut und angenommen zu fühlen. In diesem Kapitel werden wir uns näher mit den Arten von Magie beschäftigen, die positive Energie, Achtsamkeit, Bewusstheit und Präsenz mithilfe natürlicher Zutaten fördern können. Wenn du mehr über diese Themen weißt, bist du wieder einen Schritt näher dran, eine perfekte Hexe zu werden.

Hexenkunst und Naturheilkunde haben viel miteinander zu tun, denn beide helfen dir dabei, die beste Version deiner selbst zu werden. Wellness und Wohlbefinden sind die natürlichen Konsequenzen beider Praktiken und unerlässlich für jede moderne Hexe, ebenso wie es wesentlich für die Gesundheit von Geist, Körper und Seele ist, seinen Lebensstil dann und wann ganz bewusst zu ändern.

Die Hexenkunst stärkt zudem das Selbstbewusstsein und hilft dabei zu erkennen, wie wir Veränderungen herbeiführen und die Welt um uns herum neu gestalten können. Wenn du mit deinem Selbst arbeitest, kommst du deiner persönlichen Erfüllung ein Stück näher und findest die Antworten auf deine Fragen.

Um eine perfekte Hexe zu werden, musst du zunächst Zugang zu deinen inneren Kräften finden und eine Verbindung schaffen zwischen deiner Magie und den Veränderungen, die du dir wünschst. Eine ganze magische Welt befindet sich bereits in deiner Reichweite, und sie beginnt genau in dem Moment, wo du deinen Geist und deinen Körper miteinander verbindest.

Mach dich bereit zu lernen, wie du natürliche Zutaten und Räume nutzen kannst, um dich als Hexe wohlzufühlen – denn dein Körper und du sind eins.

DUSCH-SPÜLUNGEN FÜR POSITIVE ENERGIE

Hexenkunst lässt sich sehr gut für positive Energie und zum Erreichen von Veränderungen einsetzen. Zauber, die in der Dusche angewendet werden, gestatten es, mit deinen inneren Kräften zu arbeiten, während du die aufbauende und belebende Energie des Wassers spürst. Wähle für deine eigene Dusch-Spülung unter den genannten Zutaten aus. Die unter »Sonstige« aufgeführten Dinge der Liste umfassen Haferflocken und Honig aufgrund ihrer beruhigenden Hautpflege-Eigenschaften sowie Salz und Zucker wegen ihrer entgiftenden Wirkung.

OPTIONALE HILFSMITTEL MIT POSITIVER ENERGIE

- **Kräuter und Pflanzenextrakte:** Rose, Lavendel, Minze, Jasmin, Thymian, Zitrone, Kamille
- **Kristalle:** Türkis, Bergkristall, Onyx, Amethyst, Jade, Zitrin, Tigerauge
- **Mondphasen:** Vollmond oder zunehmender Mond
- **Sonstige:** Haferflocken, Honig, Meersalz, Zucker

SO STELLST DU DEINE EIGENE SPÜLUNG HER:

1. Vermische deine ausgewählten Zutaten in einem Glas und weiche sie ein paar Stunden in Wasser ein, bevor du duschst.
2. Seihe die Mischung in ein anderes Glas oder eine Schüssel ab und platziere sie in der Nähe der Dusche.
3. Konzentriere dich während des Duschens auf deine positiven Ziele und das gewünschte Ergebnis und gieße die Mischung über deinen Körper.

SPIEGEL-AFFIRMATIONEN UND WASSER FÜR BESSERE AKZEPTANZ

Spiegel haben nicht nur den Zweck, das eigene Aussehen zu betrachten. Sie sind ein mächtiges Werkzeug für die Anwendung von Zaubern, die deine Absichten kraftvoll reflektieren. Wenn du einen Spiegel dazu benutzt, um Achtsamkeit und Akzeptanz zu üben, entsteht dadurch Energie, die deine Ziele direkt auf dein Publikum überträgt – und das bist du selbst. Der Vorgang ist dabei derselbe, wie wenn du einen Zau-

ber auf ein bestimmtes Hilfsmittel oder ein Gefäß überträgst – lediglich das Objekt bzw. der Empfänger ändern sich, denn du selbst bist das Ziel deiner Magie. So kannst du auf achtsame Weise Selbst-Reflexion praktizieren und dadurch dein Selbstwertgefühl stärken. Benutze die Spiegel um dich herum, um dir deine eigenen inneren Kräfte, deine Zuversicht und deine Talente immer wieder in Erinnerung zu rufen.

SPIEGEL-AFFIRMATION: Lade Wasser mithilfe von Blumen, Kristallen oder dem Mond auf und verwende es, um auf deinen Spiegeln zu Hause unsichtbare Sigillen für unterschiedliche Affirmationen zu platzieren. Wenn du das Wasser zuvor mit Energie füllst, bekommst du bessere Ergebnisse. Probiere es für den Anfang mit der Affirmation »Ich akzeptiere mich selbst bedingungslos«.

ZUTATEN UND HILFSMITTEL FÜR BESSERE AKZEPTANZ:

- **Blumen- und Kräuterwasser:** Lavendel, Kamille, Rosmarin, Echter Salbei
- **Kristallwasser:** Rosenquarz, rosa Kalzit
- **Mondphasen:** Vollmond oder zunehmender Mond

SO STELLST DU DEIN EIGENES WASSER FÜR AFFIRMATIONEN HER:

1. Fülle ein Glas mit destilliertem Wasser oder Quellwasser.
2. Füge eine Prise Salz hinzu, um es zu reinigen, zu schützen und negative Energie zu blockieren.
3. Lade das Wasser anschließend nach deinen Wünschen magisch auf.

BEWEGUNG UND ATEMÜBUNGEN FÜR MEHR ACHTSAMKEIT

In Kapitel 1 haben wir gesehen, wie Magie im Zusammenhang mit Fitness eingesetzt werden kann und wie uns bestimmte Rituale vor dem Sport sowie ein sicherer und geweihter Ort unterstützen können. In diesem Kapitel soll es nun darum gehen, wie sich Magie nutzen lässt, um die Verbindung zwischen unserem Körper und unserem Geist zu erforschen, und wie wir uns zur Ausübung unserer Hexenkunst in einen anderen Bewusstseinszustand versetzen können. Wenn du dich auf dein geistiges und körperliches Wohlergehen fokussierst, öffnest du dich zugleich für eine stärkere und zielgerichtetere Art der Hexenkunst, aus der du Kraft für deine Zauber schöpfen kannst.

Ob du nun Fahrrad fährst, Gewichte hebst, auf dem Laufband trainierst oder Yoga praktizierst – du kannst dabei immer mit deiner ganz individuellen Achtsamkeit arbeiten. Egal, welcher körperlichen Aktivität du nachgehst, konzentriere dich ganz auf die Bewegung und deine Atmung, sodass dein geistiger Zustand sich von Abgelenkt- und Gestresstsein hin zu einem Gefühl von Stille, innerer Ruhe und Kompetenz verändert.

Achtsame Bewegung ermöglicht es dir, präsent zu sein, ins Stocken geratene Energie freizusetzen und die Verbindung zwischen deinem Geist und deinem Körper zu stärken. Sie eignet sich hervorragend, um dich zu zentrieren und innerlich aufzurichten, bevor du Zauber aussprichst oder Magie praktizierst.

ATMUNG: Beobachte deinen Atem, indem du bewusst lange, tiefe Atemzüge nimmst, um innere Ruhe zu schaffen, oder für begrenzte Zeit kurze Atemzüge machst, um dich frischer zu fühlen.

STRETCHING/YOGA: Baue Anspannung und unterdrückte Emotionen mittels sanfter Bewegungen und Dehnübungen ab; sei dabei ganz präsent.

HOHE INTENSITÄT: Stärke deine Muskeln, indem du dein Workout für kurze Phasen intensiven Kardiotrainings auf ein hohes Intensitätslevel bringst.

EIN TRANK FÜR MEHR ACHTSAMKEIT

Aus einfachen Zutaten lassen sich ganz leicht mit Wasser oder Sirup verschiedene Tränke herstellen, die du zu dir nehmen kannst. Durch die Kombination von Tränken und Achtsamkeitsübungen kannst du lernen, dir deiner tieferen Emotionen bewusst zu werden.

Die erste Wahl sind Kräutertees oder in kochendem Wasser aufgelöste Pulver. Probiere auch Getränke wie Kurkuma-Latte, Heiße Schokolade mit Pilzen oder Vanille-Chai-Tee. Tränke mit Wasser solltest du nicht länger als vierundzwanzig Stunden aufbewahren.

Für Tränke auf Sirup-Basis stellst du einen Aufguss aus Zucker oder Honig mit Wasser im Verhältnis 1:1 her. Für unterschiedliche Aromen kannst du das Wasser auch durch Kräutertees oder andere pflanzliche Aufgüsse ersetzen. Am besten genießt du deinen Honig-Trank in einem Glas Wasser. Du kannst aber auch Cocktails oder alkoholfreie Getränke damit zubereiten.

GEDANKEN ZUR ACHTSAMKEIT: Bevor du deinen Trank zubereitest, mache dir die beabsichtigte Wirkung klar und stelle deine Zutaten entsprechend zusammen. Dann fokussiere deine Aufmerksamkeit auf die folgenden Fragen, die du dir stellst, während du deinen Trank genießt:

- Was hast du heute über dich selbst gelernt?
- An welchen bedeutungsvollen Projekten hast du heute gearbeitet?
- Welche neue Fertigkeit hast du heute erlernt?

SICH IM HIER UND JETZT ERDEN

Erden ist ein Prozess, bei dem du dich wieder mit der Erde verbindest, überflüssige, ins Stocken geratene Energie freisetzt und ganz im gegenwärtigen Augenblick bist. Unser Leben ist oft hektisch, doch wenn wir uns ganz bewusst Zeit nehmen, um der Alltagsroutine zu entfliehen und uns darauf zu konzentrieren, genau zu spüren, was unser Körper gerade empfindet, können wir eins mit dem Moment werden und so stärkere, zielgerichtetere Magie hervorbringen.

MEDITATION: Nimm dir eine Auszeit und schließe deine Augen. Stelle dir ein warmes, helles Licht vor, das ganz oben in deinem Kopf leuchtet. Atme tief ein und aus, und nimm wahr, wie das Licht sich bei jedem Einatmen in deinem Körper nach unten und schließlich in den Boden bewegt.

ERDE: Sammle in einem Glas trockene Erde und bewahre sie in der Nähe deines Altars auf, wenn du dich geerdet fühlen möchtest. Wenn du Erdboden berührst, stärkst du damit deine Verbindung mit der Erde selbst.

ÄTHERISCHE ÖLE: Mische Patschuli, Vanille, Zimt, Bergamotte, Ylang-Ylang oder Öle von Zedern oder Tanne in einem Trägeröl wie Olive, Kokos oder Jojoba und trage ein wenig davon auf deine Haut auf.

KRISTALLE: Verwende stark erdende Kristalle wie Hämatit, Roten Jaspis, Obsidian oder versteinertes Holz. Halte den Kristall in deiner Hand, konzentriere dich darauf, seine erdende Energie aufzunehmen, und lass sie durch deinen Körper strömen.

FOKUS

EMOTIONEN UND ZIELE

Zaubersprüche werden durch Emotionen genährt und entfalten ihre Wirkung mithilfe deiner konzentrierten Absicht und der Kräfte, die du aus der Welt um dich herum ziehst. Je mehr emotionale Energie du in deinen Zauber legst, desto kraftvoller wird er.

Zaubersprüche wirken am besten, wenn du eine klare Vorstellung davon hast, was du erreichen möchtest. Wenn du nicht wirklich mit dem Herzen dabei bist, kann ein Zauberspruch auch danebengehen. Eine klare innere Absicht ist deshalb der Schlüssel, der das gesamte Potenzial eines Zauberspruchs freisetzt, nachdem du zuvor deine Kraft und deine Energie aktiviert hast.

Um das beabsichtigte Ergebnis zu erreichen oder in dein Leben zu holen, nimm dir also genügend Zeit, um deine Absichten klar zu formulieren, sei es nun in Gedanken, laut ausgesprochen oder schriftlich auf Papier. Wenn du dir keine eindeutigen Ziele setzt, wirst du in deiner Hexenkunst von unklaren und verworrenen Wünschen geleitet – und das kann nach hinten losgehen, indem Zaubersprüche fehlschlagen oder du dich plötzlich von merkwürdiger Energie umgeben fühlst.

Es ist ungemein wichtig, dass du genau weißt, was du willst und warum. Wenn du deine Absichten klar formulierst, kannst du deine Ziele erreichen, positive Veränderungen in deinem Leben herbeiführen und dich mit deiner Intuition verbinden.

Kapitel 7

Du und dein HEXEN-ZIRKEL

Covens oder Hexenzirkel sind, einfach formuliert, Gruppen von Hexen, die Rituale, Zaubersprüche und Feste gemeinsam praktizieren. Die Mitgliedschaft in einem Zirkel ist nicht verpflichtend, doch sie kann hilfreich sein, wenn du Fragen zu deiner Magie und deiner Hexenkunst hast.

Ursprünglich waren Hexenzirkel Gruppen von ausgewählten Hexen, die uraltes Wissen an die nächste Generation weitergaben und neue Mitglieder in die Kunst einführten. Oftmals beherrschten sie verschiedene Stufen oder Grade der Hexenkunst, ihr Mitgliederstatus unterschied sich und sie wurden von Hohepriesterinnen und Hohepriestern geleitet. Möglicherweise begegnen dir auch die Begriffe heidnischer Zirkel, Wicca-Coven oder Druidenorden. Es gibt sehr viele verschiedene Gruppen, die sich zu ganz unterschiedlichen Zwecken treffen.

Das Ziel eines Coven ist es, Hexen zusammenzubringen, sichere Orte für Magie zu schaffen, die Einheit zu fördern und einander beim Lernen zu unterstützen. Manche Zirkel sind für ihre Mitglieder wie eine Familie.

Heutzutage sind Covens nicht mehr so populär wie früher, da eine Hexe viele unterschiedliche Wege wählen kann und Informationen leichter zugänglich sind.

Du musst als Hexe auch keiner bestimmten Tradition folgen. Viele Hexen ziehen es vor, allein zu praktizieren, um die Freiheit zu haben, ohne Einschränkung alles zu tun, was sie wollen.

Das Konzept des Coven ist nach wie vor wichtig, doch dank den sozialen Medien und moderner Technologie kann man heute leichter als jemals zuvor in geschütztem Rahmen mit anderen Hexen Kontakt aufnehmen. In unserer modernen Zeit ist es ganz einfach, die Idee des Hexenzirkels zu übernehmen und eine eigene Community zu gründen – also Hexenereignisse und Rituale rund um die Mondphasen abzuhalten oder daran teilzunehmen. Du kannst dich einem Coven anschließen oder aber deinen eigenen ins Leben rufen. Wichtig dabei ist, dass du immer du selbst bleibst, dich mit Gleichgesinnten austauschen kannst und Spaß hast.

HEXENKUNST ALLEIN PRAKTIZIEREN

Wenn du nicht Teil eines Zirkels sein kannst oder möchtest, kannst du deine Kunst natürlich auch nur für dich selbst ausüben und in Ehren halten. Hierbei ist es wichtig, dass du dich in einem speziellen Akt deiner Hexenkunst verschreibst, um dich selbst als Hexe zu definieren, deinen Pfad zu wählen und die Ziele festzulegen, die dich leiten sollen. Dies bietet auch eine sehr gute Möglichkeit, deine Praktiken als Hexe zu personalisieren, sodass sie einzigartig werden.

RITUAL FÜR DIE PERSÖNLICHE WEIHE: Wähle hierfür den Neumond, die Mondphase für Neuanfänge, und plane etwa zwanzig Minuten für dein persönliches Weihe-Ritual ein. Dieses kann ganz einfach sein: Zünde beispielsweise eine Kerze an und meditiere darüber, was es für dich bedeutet, eine Hexe zu sein. Du kannst auch ein komplizierteres Ritual wählen und dafür dein eigenes Weihe-Öl herstellen, einen geweihten Zirkel mit Salz oder Kristallen legen und dir eine passende Zauberformel überlegen. Dabei sollte in jedem Fall das im Mittelpunkt stehen, worauf deine Hexenkunst basieren soll.

BOOK OF SHADOWS: Vielleicht magst du zu diesem Zeitpunkt auch dein eigenes Buch der Schatten beginnen oder, falls du bereits eines hast, einige Seiten über deine Hexenkunst hinzufügen. Wenn du über deine Praktiken schreibst, setzt das Energie frei und hilft dir dabei, deine Kunst und deine Ziele klarer zu definieren.

RAUS AUS DEM BESENSCHRANK!

Mit »Besenschrank« ist der symbolische Ort gemeint, wo du deine Hexenkunst und deine Überzeugungen vor anderen verbirgst. Viele Hexen erhoffen sich Akzeptanz, Wertschätzung und emotionale Unterstützung von Freunden und Familie. Solltest du dich entscheiden, anderen nichts von deiner Hexenkunst zu erzählen, ist das auch gut. Du kannst darüber auf jeden Fall Stillschweigen bewahren, wenn du das möchtest. Es ist allein deine Entscheidung, ob und inwiefern du andere einweihen magst oder nicht.

DEN BESENSCHRANK VERLASSEN: Wenn du offiziell aus deinem Besenschrank herauskommen möchtest, versuche zuerst einzuschätzen, wie aufgeschlossen die Menschen, denen du davon erzählen willst, in spiritueller Hinsicht sind. Sind sie generell offen für alternative Methoden und bereit, tolerant damit umzugehen? Ein anderer wichtiger Faktor ist deine Lebenssituation. Bist du noch minderjährig? Lebst du bei deinen Eltern oder teilst dir das Zimmer mit jemandem? Setze nicht dein Dach über deinem Kopf aufs Spiel, indem du deine Überzeugungen öffentlich machst; es könnte den Frieden in deinem Zuhause gefährden. Viele Hexen erzählen anderen erst von ihrer Kunst, wenn sie unabhängig sind. Es ist auch empfehlenswert, zu warten, bis du die Volljährigkeit erreicht hast, weil man dich als Erwachsene eher ernst nimmt. Oft werden Erwachsene deine Überzeugungen lediglich als »Phase« bezeichnen, solange du noch ein Teenager bist.

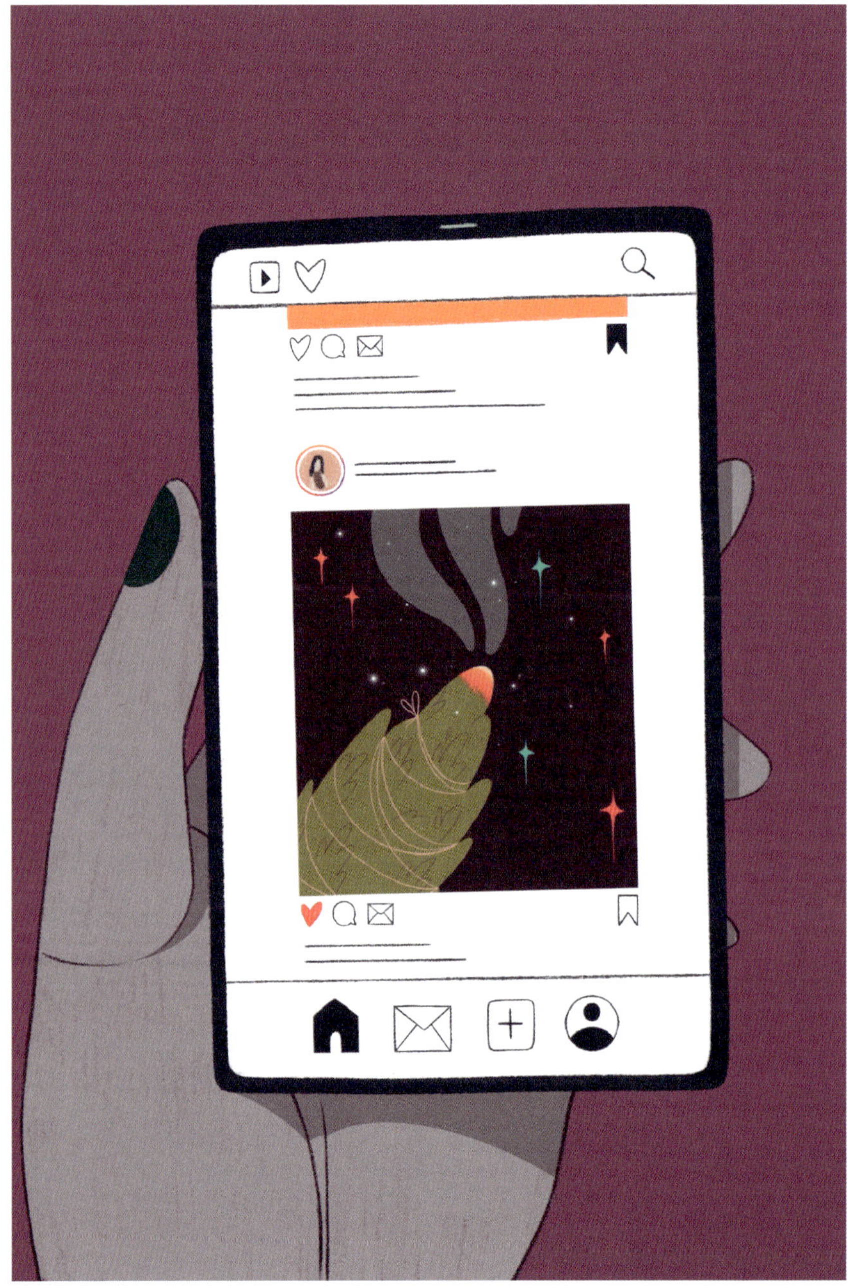

GEMEINSCHAFTEN UND HEXENZIRKEL

Dank der Existenz von Online-Gruppe und Hashtags in den sozialen Medien ist es heute so einfach wie nie zuvor, im Netz andere Hexen zu finden. Doch es bedarf harter Arbeit und Hingabe, damit solche Gruppen sich gut entwickeln. Communitys im Netz brauchen eine Moderatorin oder einen Host mit technischem Know-how sowie Offenheit und Freundlichkeit von ihren Mitgliedern. Wenn du selbst Host oder Moderatorin bist, ist es wichtig, deine Online-Community zu beschützen, indem du bestimmte Regeln festlegst und durchsetzt.

SUCHEN: Beginne deine Suche auf Social-Media-Plattformen wie TikTok, Instagram und Twitter, indem du Begriffe und Hashtags wie #witchesoftiktok, #witchesofinstagram #witchesoftwitter suchst. Auf anderen Plattformen wie Facebook, Slack oder Discord kannst du nach Gruppen oder Kanälen suchen, die den Begriff »witch« oder »Hexe« enthalten.

TEILEN: Du solltest bereit sein, anderen ein wenig von deiner Kunst zu erzählen und sie wissen zu lassen, welcher Weg dir besonders gut gefällt. Solltest du auf eine toxische oder unfreundliche Gruppe treffen, ist es okay, wenn du sie verlässt. Irgendwo gibt es ganz bestimmt eine Gruppe, die zu dir passt! Sobald du sie gefunden hast, stelle sicher, dass du nur an Dingen teilnimmst, die sich für dich gut anfühlen, und dass du niemals irgendwelche persönlichen Informationen mit anderen teilst.

MONDKREISE UND HEXEN-EVENTS

Mondkreise und Hexen-Events sind eine tolle Gelegenheit, mit anderen Hexen Kontakt aufzunehmen. Diese Kreise, Ereignisse und Treffen finden oftmals persönlich, aber auch online statt. Hier kannst du Unterstützung und Orientierung in Bezug auf deine Überzeugungen finden.

ONLINE-EVENTS: Dank der zunehmenden Verbreitung von Programmen für Videokonferenzen, Reddit-Gruppen, WitchTok und Blogs gibt es heutzutage mehr Gelegenheiten, an Online-Events teilzunehmen, als jemals zuvor. Hexen aus aller Welt können Verbindung zueinander aufnehmen und gemeinsam Magie erschaffen. Du kannst auch die Feiertage des Paganismus, wichtige Himmelsereignisse oder die Mondphasen im Netz nachschlagen, um Online-Ereignisse, Zirkel oder andere Treffen von Hexen im Netz zu finden.

WORKSHOPS

Du bist nicht sicher, ob ein Hexenzirkel das Richtige für dich ist, möchtest aber dennoch etwas von anderen Hexen lernen? Dann such dir am besten einen Workshop vor Ort oder online, der Kenntnisse in einem bestimmten Bereich der Hexenkunst vermittelt. Das Tolle an Workshops ist, dass du genau das daraus mitnehmen kannst, was für dich funktioniert, und den Rest einfach außer Acht lassen kannst. Wenn du dich zu einem bestimmten Gebiet der Hexenkunst hingezogen fühlst, mache dich schlau, wo es Treffen oder Workshops dazu gibt. Du wirst überrascht sein, wie viele Hexen dieselben Interessen haben wie du! Du bist nicht sicher, wo du anfangen sollst? Dann probier es mal mit einem der folgenden Themen bzw. folgenden Arten von Hexenkunst:

HEXEREI IM HAUS: Hier geht es um Magie in deinem oder in der Nähe deines Zuhauses, wie beispielsweise die Hexenkunst in der Küche, am Kamin, im Garten sowie ländliche und eher urbane Praktiken.

NATUR: Diese Magie umfasst alles, was mit der Natur zu tun hat. Dazu gehören grüne und Wasser-Magie ebenso wie andere gezielte Praktiken rund um das Meer, das Wetter, Feuer, Luft, Kristalle, Feen und die Elemente.

TRADITIONELLE ODER HEIDNISCHE MAGIE: Diese Art von Magie hat ältere Wurzeln. Ihre Praktiken umfassen folkloristische Elemente, den Glauben an Gottheiten, verschiedene kulturelle Aspekte und heidnische Praktiken. Achte auch auf Begriffe wie Heckenmagie, Arbeit mit Geistern, Schattenarbeit, Old World Witchcraft (traditionelles Hexentum), Ritualmagie und Wicca.

EKLEKTISCHE HEXENKUNST: Darunter fallen ganz unterschiedliche moderne magische Praktiken oder spezialisierte Richtungen, die unter anderem mit Astrologie, Hellsehen, Wellnessritualen oder Symbolen arbeiten. Dazu gehören auch kosmische, intuitive, kartenbasierte, auf Schönheit und Wohlbefinden fokussierte oder säkulare Praktiken sowie die Arbeit mit Sigillen und Mondphasen.

FOKUS

WAS IST WICCA?

Wicca ist eine moderne heidnische Religion, die Mitte des zwanzigsten Jahrhunderts von Gerald Gardner gegründet wurde. Sie umfasst alte heidnische Traditionen, und in ihrem Zentrum stehen rituelle Praktiken. Wicca ist eine duotheistische Religion, die sowohl einen Gott als auch eine Göttin verehrt. Tatsächlich ist es aber nicht ungewöhnlich, dass man innerhalb von Wicca auch eklektische und andere Praktiken findet, die von Polytheismus, also dem Glauben an viele Götter, bis zum Monotheismus (Eingottglaube) reichen.

Manchmal wird Wicca zusammen mit Hexenkunst praktiziert, um die Gottheit oder den Glauben stärker aufnehmen zu können. Wicca selbst nutzt eher Rituale als Zaubersprüche und arbeitet mit Regeln rund um den freien Willen und das Karma. Die Wiccas folgen dem Hexencredo (auch Wicca-Rede), dessen grundlegende Glaubenssätze unter anderem besagen: Schadet es keinem, so tu, was du willst (An' it harm none, do what ye will), was zugleich ein moralischer Kodex ist. Hexenkunst ist also nicht gleichzusetzen mit Wicca und muss keinen bestimmten Regeln oder Strukturen folgen. Hexenkunst kann auch rein säkularer Natur sein oder Elemente anderer Religionen und Glaubensrichtungen enthalten.

Kapitel 8

Magische OBJEKTE

Mit Hilfsmitteln kannst du deine Magie wunderbar erweitern, wenn du Rituale praktizieren oder Zaubersprüche anwenden möchtest, doch sie sind nicht unbedingt nötig. Hilfsmittel und Gegenstände selbst sind in der Regel nicht magisch; sie helfen dir nur, deine Energie und deine Absichten zu fokussieren.

Viele Hexen verwenden unterschiedliche Hilfsmittel, je nachdem, wozu sie sich persönlich hingezogen fühlen. Wenn dich vor allem die grüne Hexenkunst anspricht, hast du wahrscheinlich vor allem Kräuter und Gewürze, Kristalle, Apothekengläser sowie Mörser und Stößel zu Hause. Bist du eher eine Mondhexe, besitzt du vermutlich einen Mondkalender, ein entsprechendes Tagebuch und passende Apps auf deinem Smartphone. Das sind nur zwei Beispiele dafür, wie individuell deine ganz persönliche Hexenkunst sein kann.

Einige der beliebtesten Hilfsmittel, die du bei anderen Hexen sehen wirst, sind Altarbilder, persönliche Zauberbücher wie ein Book of Shadows oder ein Grimoire, Kristalle und Steine, Kräuter und Blumen, Kerzen und Räucherstäbchen.

Die meisten Hilfsmittel für Hexen findest du in speziellen Esoterikgeschäften vor Ort und online oder an Markständen. Nicht immer musst du deine Hilfsmittel kaufen. Du kannst auch aus normalen Dingen, die du zu Hause hast, deine ganz eigene Version herstellen.

Schau einfach mal in deinen Küchenschubladen und Schränken nach, was du verwenden kannst. Du wirst überrascht sein, was dir alles einfallen wird. Und denk immer daran: Deine Hilfsmittel sind einzigartig und gehören nur dir, also sei so kreativ, extravagant oder auch sparsam mit ihnen, wie es dir gefällt.

ALTÄRE UND GEGENSTÄNDE

Ein Altar ist eine Fläche oder ein Tisch, also im weitesten Sinne dein Arbeitsplatz für Zauber und andere magische Praktiken. Du kannst in jedem beliebigen Zimmer deines Zuhauses einen Platz dafür bestimmen, dir einen Reisealtar für unterwegs schaffen oder draußen einen Altar einrichten.

Die Gegenstände auf deinem Altar werden unterschiedlich sein, je nachdem, welchen Traditionen oder welchem Weg du folgen möchtest. Mit Wegen sind die verschiedenen Schwerpunkte der Hexenkunst gemeint, wie Natur, Wasser, Elemente, Haus und Heim, Küche und viele andere. Du kannst jeden beliebigen Gegenstand verwenden, ganz deinen persönlichen Vorlieben entsprechend. Vorschläge dazu findest du auf den folgenden Seiten.

Mach dir keine Sorgen, dass ein Altar zu kompliziert oder zu teuer für dich sein könnte. Du kannst auch mit einem sehr kleinen Budget einen Altar herstellen – solange er seinen Zweck erfüllt, kann er genauso einfach oder aufwendig sein, wie du es möchtest.

IDEEN FÜR GÜNSTIGE ALTÄRE: Du kannst dir preisgünstig einen Altar einrichten, indem du Zündhölzer für das Element Feuer, Erde vom Boden in der Nähe deines Zuhauses oder Tafelsalz für das Element Erde, einen Zauberstab aus einem Zweig oder ein Räucherstäbchen für das Element Luft und Schalen mit Wasser für das Element Wasser verwendest. Aus Stoffresten kannst du kleine Zauberbeutel herstellen und mit einem Permanentmarker Sigillen auf Papier oder Stein zeichnen.

INDIVIDUELLE ALTÄRE: Viele Hexen gestalten ihren Altar so, dass er zu einer bestimmten Art von Zauber, einem Monat oder einer Jahreszeit passt. Wenn du beispielsweise einen Liebeszauber anwenden möchtest, kannst du Rosenblätter oder bestimmte Liebessymbole auf deinem Altar platzieren. Die Vorbereitung deines Altars sollte dir Spaß machen, also lass deiner Kreativität freien Lauf!

Book of
Shadows

BOOK OF SHADOWS UND GRIMOIRE

Viele Hexen nutzen ihr Book of Shadows oder ihren Grimoire als eine Art Tagebuch, um darin ihre Kunst aufzuzeichnen, also beispielsweise Zaubersprüche, Rituale, Meditationen, Rezepte, Informationen aus Büchern und andere Notizen festzuhalten. Das hilft dir bei der Weiterentwicklung deiner Kunst und bietet eine gute Möglichkeit, Wissen zu erlangen und zu vermehren.

Obwohl ein Book of Shadows und ein Grimoire beide eine Art Tagebuch sind, ist ein Buch der Schatten häufig persönlicher gestaltet als ein Grimoire, da es auch private Notizen zur Zauberkunst einer Hexe enthält. Grimoires hingegen beinhalten lediglich formale Hinweise zu Zaubersprüchen, jedoch keine persönlichen Informationen. Du kannst dich für eines von beiden entscheiden oder aber beide Arten von Zauberbuch führen.

DEIN BUCH: Dein Zauberbuch beschreibt die zentralen Elemente des von dir gewählten Pfades und kann daher ganz persönlich gestaltet sein. Du kannst beispielsweise ein Book of Shadows führen, in dem du festhältst, welche Zauber du ausprobiert hast und wie sie gewirkt haben, und zugleich ein Grimoire, in dem du alle fertigen Zauber und Hilfsmittel notierst, die sich bewährt haben. Dabei kann es sich um gebundene Bücher handeln, um Ordner oder auch digitale Aufzeichnungen. Es gibt unzählige Möglichkeiten, und du kannst so kreativ sein, wie du möchtest. Denke immer daran, dass dieses Buch dich auf deiner Reise als Hexe begleitet und du daher gut darauf aufpassen und es wertschätzen solltest. Vorschläge für verschiedene Arten von Zaubersprüchen findest du in Kapitel 9. Und vergiss beim Erstellen deines eigenen Zauberbuches nicht, Spaß zu haben!

KRISTALLE UND STEINE

Kristalle und Steine sind in der Hexenkunst sehr beliebt, da sie vielseitig einsetzbar sind. Kristalle werden für Heilungsprozesse, Manifestationen und energetische Arbeit verwendet. Steine kann man wunderbar mit Symbolen oder Sigillen versehen. Obwohl zahlreiche Zauber viele unterschiedliche Kristalle und Steine erfordern, kannst du mit einem ganz einfachen Bergkristall beginnen, da er in nahezu jedem Zauber stellvertretend für andere Kristalle eingesetzt werden kann.

Kristalle können auch zum Hellsehen oder für bestimmte Kristall-Arrangements verwendet oder in andere Hexen-Hilfsmittel integriert werden, um deren Energie zu verstärken. Manche Hexen nutzen Kristalle auch, um sichtbar Grenzen zu markieren oder zu definieren, innerhalb derer ein Schutzzauber wirken oder ein geweihter Kreis festgelegt werden soll.

Jeder Kristall ist einzigartig, daher ist eine Liste der Kristalle und ihrer Wirkungen bei der Auswahl der benötigten Steine hilfreich. Vor der Verwendung ist es ratsam, die Kristalle mit Wasser oder Rauch zu reinigen und mit deiner persönlichen Energie oder mit Mondenergie (am besten bei Vollmond) aufzuladen.

ALLGEMEINES ZU DEN FARBEN VON KRISTALLEN

- **Gelbe Kristalle** helfen bei geistigen Aufgaben, Kommunikation und Logik.
- **Blaue Kristalle** unterstützen emotional und fördern Intuition und Heilung.
- **Grüne Kristalle** fördern Wohlstand, Erfolg und Frieden.
- **Rote Kristalle** begünstigen Vitalität, Energie und Leidenschaft.

KRÄUTER, BÄUME UND PFLANZEN

Pflanzen jeder Art werden aufgrund ihres Geschmacks oder ihrer Wirkung beim Essen, in der Medizin, für Düfte und in der Zauberei verwendet. Jede Pflanze verfügt über Inhaltsstoffe, die du dir im Rahmen deiner Hexenkunst zunutze machen kannst, um sie für heilende Zwecke einzusetzen und dich von ihnen leiten zu lassen. Von den Wurzeln im Boden bis zu den Blättern der höchsten Bäume kannst du alle Pflanzenteile verwenden.

Zu Beginn deiner Arbeit mit Kräutern, Bäumen und Pflanzen benutzt du am besten erst einmal das, was du vor Ort findest. Welche Pflanzen wachsen in deiner Umgebung? Du kannst aus den unterschiedlichsten Blättern, Rinden, Stängeln und Blüten durch Aufbrühen, Mischen und Mahlen magische Zubereitungen herstellen wie Tee, Öle und Pulver für Räucherwerk, Charms und verschiedene Zauber.

TEE: Hier ein Grundrezept für die Verwendung von Kräutern und Pflanzenextrakten in der Küche: Mische einen oder zwei Teelöffel davon mit kochendem Wasser und lass das Ganze fünf bis zehn Minuten ziehen. Je härter die verwendeten Kräuter sind, desto länger ist die Ziehzeit.

ÖL: Einfache Kräuteröle lassen sich ganz leicht herstellen, indem du die gewünschten getrockneten Pflanzen in ein Glas gibst, mit Oliven-, Mandel-, Traubenkern-, Avocado- oder Aprikosenöl aufgießt und das Ganze vier bis sechs Wochen stehen lässt. Möchtest du dein Öl sofort benutzen, verwende ein paar Tropfen ätherisches Öl anstelle der getrockneten Pflanzen.

CHARMS: Für die meisten Charms kannst du gemahlene getrocknete Kräuter, Rinde und Pflanzenextrakte verwenden, die du in einem kleinen Beutel oder Glas miteinander mischst.

KERZEN UND RÄUCHERWERK

Kerzen verstärken Zaubersprüche und wirken unterstützend bei energetischer Arbeit und beim Hellsehen. Du kannst Kerzen mit Ölen behandeln, mit Kräutern verzieren oder aber Symbole und Sigillen darin eingravieren. Kerzen ermöglichen es dir, dich mit der Energie in deiner Umgebung zu verbinden. Daher ist ein Kerzenzauber eine der einfachsten Möglichkeiten, in die Hexenkunst einzusteigen. Wenn du Kerzen bewusst anzündest, nehmen sie deine Wünsche auf und erweitern deine Gedanken.

BRENNDAUER UND ARTEN VON KERZEN: Größere Kerzen haben eine längere Brenndauer. Zu Beginn deiner Arbeit mit Kerzen verwendest du am besten kleinere Kerzen wie Teelichter, Opferkerzen oder spezielle Ritualkerzen. Wichtig ist, dass du nur neue Kerzen für deine Zauber benutzt, damit sich nicht alte Energien oder Ziele mit deinem aktuellen Zauber mischen und ihn möglicherweise

beeinträchtigen. Als allgemeine Orientierung kannst du dir merken, dass Stumpenkerzen mit einer Länge von 12 bis 18 cm etwa 90 bis 100 Stunden lang brennen, kleinere Opferkerzen etwa 10 bis 15 Stunden, 30 cm lange Leuchterkerzen etwa 9 bis 12 Stunden und Teelichter nur 4 bis 6 Stunden.

Räucherwerk eignet sich ähnlich wie Kerzen als Hilfsmittel, um eine günstige Atmosphäre zu schaffen, kann jedoch auch negative Energie fernhalten. Räucherwerk wird oftmals verwendet, um zu reinigen, zu säubern und Ziele festzulegen.

ARTEN VON RÄUCHERWERK: Räucherwerk kann selbst brennbar oder nicht brennbar sein. Brennbares Räucherwerk enthält als Hilfsmittel Salpeter und ist in Form von Kegeln, Stäbchen oder Spiralen im Handel erhältlich. Nicht brennbares Räucherwerk besteht meist aus losen Mischungen von Kräutern o.Ä., die du beispielsweise auf Räucherkohle verbrennen kannst. Lass deiner Kreativität freien Lauf und vertraue auf deine Intuition!

FOKUS

DER RICHTIGE ORT FÜR DEINEN ZAUBERSPRUCH

Der Ort, an dem du deinen Zauberspruch anwendest, ist von ebenso großer Bedeutung wie deine Zutaten oder magischen Hilfsmittel. Je nachdem, welche Stelle du wählst, kannst du dort Frieden und Harmonie oder aber Chaos und Unerwartetes anziehen.

Du kannst einen bestimmten Platz in deinem Zuhause auswählen und dort einen geweihten Ort und einen Altar errichten; es ist jedoch genauso gut möglich, den Platz jedes Mal zu wechseln, wenn du einen Zauber anwendest.

Eventuell möchtest du manche Zauber auch an verschiedenen Orten in deinem Zuhause praktizieren. Vielleicht in der Küche, im Badezimmer, im Schlafzimmer oder auch außerhalb des Hauses? Dabei kannst du nichts falsch machen, denn jeder Ort ist geeignet für Magie. Wichtig ist lediglich das Ziel, das du mit der Auswahl des Ortes verfolgst. Geht es dabei um Bequemlichkeit? Ruhe? Natürliche Energie?

Egal, wo du deine Kunst und deine Magie anwendest, stelle sicher, dass du dich stets von deiner Intuition und klaren Zielen leiten lässt. Außerdem solltest du deine Hexenkunst nur an Orten praktizieren, wo du dich entspannt und sicher fühlst.

FOKUS

DIE ROLLE DES MONDES

NEUMOND: Der Neumond steht für unbegrenzte Möglichkeiten und ist ideal für einen Neuanfang. Somit eignet sich diese Mondphase perfekt für Zauber, die mit dem Beginn von etwas Neuem, mit persönlicher Verbesserung, neuen Zielen, innerem Frieden und Hellsehen zu tun haben.

ZUNEHMENDER MOND: In dieser Phase wird der Mond größer. Sie ist sehr gut geeignet für Zauber, die Energie für Wachstum beinhalten und im Zusammenhang mit Kreativität, Glück, Mut, Gesundheit, Finanzen, innerem Gleichgewicht, Motivation und Liebe stehen.

VOLLMOND: Bei Vollmond präsentiert sich der Mond rund und scheint mit seiner ganzen Kraft und Helligkeit vom Himmel. Diese Phase ist perfekt für Zauber rund um Spiritualität, für das Aufladen von Gegenständen, für wichtige Entscheidungen, Gesundheit und Erfolg.

ABNEHMENDER MOND: In dieser Phase schwindet der Mond und wird kleiner. Zu dieser Zeit wendest du am besten Zauber an, die mit Erdung, Loslassen, Beseitigung, Vertreibung, Übergängen, Hindernissen und Balance zu tun haben.

DUNKELMOND: Vor dem Neumond liegt der Dunkelmond, die Phase, in der der Mond gar nicht am Nachthimmel zu sehen ist. Die Dunkelmondphase ist ideal für Zauber, die mit Intuition, Vertreibung, Schutz, Reinigung, Meditation und energetischer Arbeit zu tun haben.

Kapitel 9

Zauber und ZAUBER-SPRÜCHE

Mithilfe von Zaubersprüchen kannst du deine Magie wirksam werden lassen. Sie helfen dir dabei, Veränderungen in deinem Leben herbeizuführen und dein Selbstvertrauen zu stärken. Es gibt viele unterschiedliche Arten von Zaubersprüchen:

- Anziehungs- und Beschwörungszauber
- Beendigungs- und Auflösungszauber
- Vertreibungs- und Austreibungszauber
- Aufnahme- und Aufladungszauber
- Charms und Symbolzauber

Für den Anfang überlegst du dir am besten erst einmal, was du mit deinen persönlichen Zaubersprüchen erreichen möchtest. Wünschst du dir mehr Wohlstand? Dann kannst du es mit einem Zauber versuchen, der das Gewünschte in deinem Leben anzieht. Möchtest du eine Pechsträhne beenden, probiere es mit einem Zauber, der Dinge aufhalten kann.

Sobald du ein Bewusstsein für die verschiedenen Arten von Zauber, die du benutzen möchtest, entwickelt hast, halte nach den Hilfsmitteln Ausschau, die du dafür brauchst. Wenn du zum Beispiel häufig Geldzauber verwendest, ist es gut, wenn du stets Minze, Basilikum, grüne Kristalle, Lorbeerblätter oder andere Symbole für Geld, wie Münzen o.Ä., parat hast.

ANZIEHUNGS- UND BESCHWÖRUNGSZAUBER

Viele Anziehungs- und Beschwörungszauber haben mit den Themen Liebe, Wohlstand und positive Energie zu tun. Bei diesen Zaubersprüchen geht es darum, eine Veränderung in dein Leben zu ziehen oder herbeizuführen. Um die Kraft von Anziehungs- und Beschwörungszaubern zu verstärken, kannst du zusätzliche hilfreiche Gegenstände miteinbeziehen oder die Zauber zu einer besonders günstigen Zeit ausführen, zum Beispiel in der passenden Mondphase.

ANZIEHUNGSZAUBER MIT CHARM: Hierfür kannst du einen Charm aus Zutaten herstellen, die mit deinen Absichten aufgeladen sind. Verwende dazu beispielsweise kleine Beutel mit Kordelzug, Fläschchen oder Dosen, in die du deine Charm-Zutaten gibst. Für Liebeszauber eignen sich sehr gut Blütenblätter, etwa von Rosen, rosafarbene oder rote Kristalle und Gewürze wie Zimt oder Ingwer.

BESCHWÖRUNGSZAUBER MIT GESANG: Beschwörungszauber sind eine sehr gute Möglichkeit, mit weniger Zutaten dennoch kraftvolle Magie zu bewirken. Für einen einfachen Beschwörungszauber entwickelst du zunächst einen Gesang, ein Gebet oder eine Formel, die eine bestimmte Bedeutung haben. Verwende Worte wie »Ich ziehe zu mir« oder »Ich rufe herbei«. Dabei müssen sich die Zeilen nicht reimen, es sei denn, du möchtest das gerne. Reime sind oftmals etwas für Fortgeschrittene. Viele Hexen verwenden Beschwörungszauber, um die Elemente anzurufen, einen geweihten Ort zu schaffen oder ihre Absichten und Ziele laut in Worte zu fassen.

BEENDIGUNGS- UND AUFLÖSUNGSZAUBER

Beendigungs- und Auflösungszauber werden verwendet, um Klatsch und Tratsch oder Diebstahl zu verhindern und mit unerwünschten Gewohnheiten zu brechen. Sie fügen anderen keinen Schaden zu, sondern beenden das Ärgernis oder bringen die negative Energie zum Stillstand. Du kannst diese Zauber auch anwenden, um deinen Schlaf zu verbessern, indem du damit Albträume oder unerwünschte Geräusche abwendest. Als Zutaten und Hilfsmittel werden häufig Kräuter, Gewürze, Kerzenzauber, Beschwörungsformeln, bestimmte Worte und Sigillen verwendet sowie das Element Eis.

ALBTRÄUME: Albträume kannst du beenden und in der Zukunft verhindern, indem du ein Traumsäckchen oder einen Charm-Beutel mit Kräutern füllst, am besten mit einer Mischung aus Lavendel, Kamille, Thymian und Lorbeerblättern.

KLATSCH UND TRATSCH: Mache dir ein Glas mit Gewürznelken und Pfeffer, beides Kräuter, die dabei helfen, den Klatsch anderer Menschen zu beenden. Mahle sie ein wenig klein, um sie zu aktivieren und ihre Aromen freizusetzen, bevor du sie in das Glas gibst, das du fortan immer bei dir trägst. Du kannst auch Salz hinzufügen, um die Wirkung des Glases zu verstärken, und, wenn darin noch Platz ist, einen kleinen Zettel, auf dem dein Ziel notiert ist. Daneben gibt es auch die Möglichkeit, deine Absicht, Klatsch und Tratsch Einhalt zu gebieten, niederzuschreiben und das Papier in dein Gefrierfach zu geben. Versuche, so viele Details wie möglich über den Klatsch darzulegen, um die Wirksamkeit deines Zaubers zu verstärken.

VERTREIBUNGS- UND AUSTREIBUNGSZAUBER

Vertreibungszauber unterscheiden sich von Beendigungszaubern, weil sie Dinge nicht nur beenden, sondern aktiv von dir fernhalten. Vertreibungs- und Austreibungszauber sind ideal, um negative oder unerwünschte Energien verschwinden zu lassen. Viele Vertreibungszauber arbeiten mit den Elementen der Natur. Verwende Räucherwerk für Luft, Kerzen für Feuer, geweihtes Wasser für Wasser und Erdboden für die Erde. Du kannst alle Elemente miteinander verbinden oder sie einzeln nutzen, um deinen individuellen Vertreibungszauber zu erschaffen.

FEUERZAUBER: Notiere auf einem Blatt Papier, was du aus deinem Leben vertreiben möchtest, und zünde eine Kerze an. Halte den Rand des Papiers in die Flamme, bis er Feuer fängt, lege es dann in ein feuerfestes Gefäß, wie beispielsweise einen gusseisernen Kessel, und lass es dort verbrennen.

LUFTZAUBER: Verwende Räucherwerk mit vertreibenden Zutaten wie Pfeffer, Gewürznelke, Drachenblut, Thymian, Basilikum, Zeder oder Rosmarin. Zünde das Räucherwerk an, dann schreibe deine Ziele nieder oder sprich sie laut aus, und lass sie vom Rauch in die Luft tragen.

WASSERZAUBER: Gib einen Teelöffel Salz in eine Schüssel Wasser und rühre so lange, bis sich das Salz aufgelöst hat. Konzentriere dich während des Rührens auf deine Ziele. Gieße das Wasser im Freien langsam rund um deine Füße aus und sing oder sprich deine Beschwörung. Gieße es aber nicht auf Pflanzen und Lebewesen in der Erde, da Salz ihnen schaden kann.

ERDZAUBER: Konzentriere dich auf deine Absichten und schreibe das, was du vertreiben möchtest, auf ein Stück Papier oder ein Lorbeerblatt. Vergrabe das Blatt im Boden unter einer Schicht Erde.

AUFNAHME- UND AUFLADUNGSZAUBER

Aufnahme- und Aufladungszauber eignen sich sehr gut, um deine Energie zu stärken. Dabei kannst du entweder direkt Energie aufnehmen oder Aufladungszauber für Kristalle oder Wasser verwenden. Mithilfe eines aufgeladenen Kristalls oder von Wasser lässt sich wunderbar Energie speichern, die du zu einem späteren Zeitpunkt verwenden kannst. Diese Zauber eignen sich auch sehr gut für Anziehungs- und Beschwörungszwecke, da du selbst bestimmen kannst, welche Eigenschaften die Energie haben soll.

ZENTRIEREN: Durch das Zentrieren kannst du sehr gut Energie für Zaubersprüche hervorbringen oder aufnehmen. Am besten funktioniert das in Verbindung mit Meditation und Atemtechniken. Suche dir einen bequemen Platz, nimm eine angenehme Position ein und konzentriere dich auf deine Verbindung mit dem Boden. Stelle dir vor, wie ein Energiestrom dich mit der Erde unter deinen Füßen verbindet. Dabei ist es egal, ob sich der Erdboden unmittelbar unter dir oder 15 Meter unterhalb des Bodens deiner Wohnung befindet. Sobald die Verbindung hergestellt ist, beobachte, wie der Energiestrom dich ganz erfüllt.

AUFLADEN: Platziere einen Kristall oder ein Glas Wasser über Nacht auf einem Fensterbrett, das dem Licht des Vollmonds ausgesetzt ist. Du kannst auch Dinge hinaus in den Garten legen, wenn du dich damit sicher fühlst. Auf diese Weise kannst du sie mit der Energie der kraftvollsten Mondphase aufladen und diese anschließend in beliebigen Zaubersprüchen verwenden.

CHARMS UND SYMBOLZAUBER

Charms und Symbolzauber verleihen Dingen oder Menschen symbolische Bedeutung. Sie stehen oft in Verbindung mit Analogiezaubern oder mit Magie, die durch Imitation oder durch bestimmte Objekte wirkt. Beliebte Hilfsmittel bei Analogiezaubern sind Püppchen, durch die man Zaubersprüche auf Menschen überträgt.

Charm-Zauber müssen jedoch nicht so spezifisch sein wie Püppchen und werden zum Beispiel auch benutzt, um Gläser oder Beutelchen herzustellen, in denen schichtweise verschiedene Zutaten wie Kristalle, Kräuter, Gewürze, Salze und andere Symbole angeordnet werden. Du kannst auch Worte oder Symbole notieren und hinzufügen. Je mehr Zutaten du verwendest, desto mehr Entsprechungen oder Bedeutungen kannst du dem Charm zuweisen. Möchtest du beispielsweise einen Liebes-Charm herstellen, kannst du ein Glas mit Rosenblättern füllen; doch wenn du einen speziellen Zauber für Selbstliebe haben möchtest, kannst du rosafarbene Rosenblätter, einen Rosenquarz-Kristall und verschiedene Heilsalze, wie zum Beispiel aus dem Himalaya, kombinieren, um einen stärkeren, zielgerichteteren Charm herzustellen.

ZAUBER MIT PUPPEN: Du kannst ein Püppchen verwenden, um den Heilungsprozess bei einer Krankheit zu unterstützen. Nähe hierzu mit Nadel und Faden eine kleine Puppe (Anleitung siehe Seite 41) und fülle sie mit Baumwolle, Kräutern und Symbolen für dich selbst. Du kannst beispielsweise eine Haarsträhne oder ein kleines Foto von dir verwenden sowie heilende Kräuter und Pflanzen wie Ingwer, Brennnessel, Baldrianwurzel oder Kamille.

FOKUS

WIE DU DEINE ZAUBER ZEITLICH PLANST

Viele Hexen setzen Zauber an ganz bestimmten Wochentagen ein, um sich die Energie der Planeten zunutze zu machen. Probiere das ebenfalls aus, und du wirst möglicherweise feststellen, dass deine Zauber an einem bestimmten Tag effektiver wirken.

- **MONTAG**
  Planet: Mond
  Energie: Träume, Familie, Intuition, Weisheit, Botschaften, Illusion, Hellsehen, Wassermagie, Reinigung, Erneuerung, Schlaf, Frieden, Emotionen

- **DIENSTAG**
  Planet: Mars
  Energie: Erfolg, Konflikt, Beginn, Stärke, Sieg, Mut, Verteidigung, Abwehr, Schutz, Wettbewerb, Ehrgeiz, psychische Angriffe, Geschicklichkeit

- **MITTWOCH**
  Planet: Merkur
  Energie: Kommunikation, Kreativität, Botschaften, Glück, Reisen, Wahrnehmung, Lernen, Handel, Geschäftliches, Geld, Hellsehen

FOKUS

- **DONNERSTAG**
  Planet: Jupiter
  Energie: Fülle, Macht, Glück, Reichtum, Gesundheit, Wohlstand, Verträge, Geschäftliches, Autorität, positives Schicksal, rechtliche Angelegenheiten, Fruchtbarkeit, Wünsche, Zuhause

- **FREITAG**
  Planet: Venus
  Energie: Liebe, Romantik, Heirat, Fruchtbarkeit, Sexualität, Heilung, Schutz, Schönheit, Freundschaft, Wachstum, Anziehungskraft, Mitgefühl, Versöhnung, Selbstliebe, Spiegel, Handwerkskünste

- **SAMSTAG**
  Planet: Saturn
  Energie: Meditation, übersinnliche Fähigkeiten, Verteidigung, Freiheit, Kommunikation, Geister, Schutz, Weisheit, Reinigung, Negativität, Geduld, Trauer

- **SONNTAG**
  Planet: Sonne
  Energie: Erfolg, Kreativität, Hoffnung, Selbstentfaltung, Glück, Ruhm, Wohlstand, Exorzismus, Führung, Freude, Erneuerung, Veränderung, Gesundheit, Vitalität, Wachstum, Klarheit, Affirmationen

FOKUS

WIE DU ZUTATEN ERSETZEN KANNST

Oftmals fühlt man sich angesichts der Zutatenliste für bestimmte Zauber verunsichert. Was, wenn du Eisenhut, Jasmin oder Safran nirgends auftreiben kannst? Doch keine Sorge, es lässt sich leicht Ersatz finden! Überlege, welchen Zweck du verfolgst oder welches Aroma wichtig ist, und verlasse dich auf deine Intuition. Wenn du dir selbst vertraust, ist das der beste Weg, die richtigen Ersatzzutaten für deinen Zauber zu organisieren.

Brauchst du beispielsweise Muskat für einen Geldzauber, hast jedoch keinen zu Hause, ist es Zeit für eine Abwandlung. Schreibe auf, welche Farbe, welchen Geruch und welche Größe die Kräuter haben, die du ersetzen musst. Gemahlene Muskatnuss sieht wie Zimtpulver aus. Beide verfügen über ähnliche, starke Aromen, sind wärmend und haben eine vergleichbare Farbe. Aus denselben Gründen kann auch gemahlener Ingwer ein guter Ersatz für Muskat sein. Wenn auch etwas heller gefärbt, hat er ebenfalls aromatische, wärmende Eigenschaften.

Wenn du auch Minze für den Geldzauber benötigst, aber nicht zur Verfügung hast, notiere dir ihre wichtigsten Eigenschaften. Sie ist grün und weich und hat ein leichtes, charakteristisches Aroma. Als Ersatz eignen sich wunderbar Basilikum, Zitronenmelisse, Rosmarin und Salbei, die ähnliche Charakteristika aufweisen.

Kapitel 10

Die Wahl deines TIERES

Schon seit langer Zeit besteht eine enge Verbindung zwischen Hexen und Tieren, die in Folklore, schamanischen Praktiken und Traditionen rund um die Welt zum Ausdruck kommt. Diese Verbindung zeigt sich fast immer darin, dass eine Hexe eine besondere Beziehung zu einem bestimmten Tier hat – doch dahinter verbirgt sich viel mehr, als den meisten bewusst ist.

Zwischen dem 15. und 17. Jahrhunderts glaubte man, dass Hexen bestimmte Wesen oder Geister hätten, die ihnen bei ihrer Kunst hilfreich zur Seite stünden. Diese Wesen, so dachte man, träten oftmals in Form eines Tieres auf – beispielsweise der allgemein bekannten schwarzen Katze. Die berühmt-berüchtigte Katze wurde, je nach historischem Standpunkt, entweder als Glücks- oder Pechsymbol gesehen.

Im alten Ägypten galten Katzen als Glücksbringer und Schutzheilige der Göttin Bastet; sie standen für Unsterblichkeit und Langlebigkeit. Der Wechsel vom Symbol für Glück zu einem Unglücksboten fand statt, als das Christentum nach Europa und Ägypten gelangte. Das Praktizieren der heidnischen Religionen wurde verboten, und die Katze wurde als Teil dieser Glaubensrichtungen identifiziert und gebrandmarkt. Der römische Kaiser Theodosius erließ eine Verordnung, nach welcher die Verehrung von Haus- und Schutzgeistern streng verboten war. Besitzer von schwarzen Katzen wurden verfolgt. Wenn wir nun im Schnellvorlauf in die Gegenwart zurückkehren, sehen wir: Katzen gelten aufgrund dieser geschichtlichen Ereignisse oftmals als tierische Begleiter von Hexen.

Im Grunde kann jedoch jedes Tier dich als Hexe begleiten. Ein Begleiter kann dein Haustier sein oder ein Geist, der dich besucht, sei es nun in physischer Form oder aber im Reich der Träume und des Astralen. Jedes Tier, mit dem du arbeiten möchtest und welches mit dir arbeiten möchte, kann dir dabei helfen, Klarheit, Inspiration und Schutz für deine Zauber zu bekommen. Diese Beziehung gründet auf Vertrauen und Freundschaft und kann deine Hexenkunst nachhaltig positiv beeinflussen.

VERTRAUTE

Das englische Wort für Vertraute, »familiar«, kommt vom lateinischen Wort *familiaris*, das »zum Haus oder zur Familie gehörig« oder »Diener« bedeutet. Während Vertraute historisch als Diener von Hexen galten, sieht man sie heute eher als Gefährten. Die Freundschaft zwischen einem Vertrauten und einer Hexe ist von gegenseitigem Nutzen und Respekt geprägt.

Einen Vertrauten zu haben, sollte sich nicht einseitig anfühlen, sondern eine Beziehung mit gegenseitigem Austausch von Diensten sein, beispielsweise Hilfe bei der Zauberarbeit und Versorgung mit Nahrung und Schutz. Der Vertraute seinerseits bietet eher Hilfe bei magischen Aufgaben.

DEIN VERTRAUTER: Um zu sehen, ob du bereits einen Vertrauten hast, oder um herauszufinden, was wichtig ist, wenn du einen finden möchtest, achte vor allem auf folgende Hinweise:

- Du fühlst sofort eine Verbindung zu dem Tier.
- Ein Tier oder Haustier ist zufällig zu dir gekommen und wieder zurückgekehrt.
- Du verstehst das Tier oder Haustier, und umgekehrt.
- Das Tier oder Haustier hat ausschließlich zu dir eine enge Bindung, obwohl du mit anderen Menschen zusammenlebst.
- Deine Intuition sagt dir, dass das Tier ein Vertrauter ist.

GEISTER UND ERSCHEINUNGEN

Hier geht es um die Manifestation einer Person, eines geistigen Doppelgängers oder um Erscheinungen. Eine Erscheinung ist der Geist oder das geisterhafte Abbild von jemandem. Geister und Erscheinungen kommen in Europa in der Hexenkunst häufig vor und können helfen, die eigenen Wünsche sichtbar zu machen. Dahinter steht die Vorstellung, dass man für bestimmte Zwecke Teile des eigenen Selbst abspalten kann.

Der Geist oder die Erscheinung ist somit ein Helfer bei der Hexenkunst, ganz ähnlich wie der Vertraute. Er ist ein Wesen, das die Wünsche der Hexe erfüllt.

Geister oder Erscheinungen können auch dazu dienen, dem Doppelgänger einer Hexe einen Astral-Flug oder außerkörperliche Erfahrungen zu ermöglichen. Dies wird häufig in der Heckenmagie verwendet, da Hexen bei dieser Art der Hexenkunst oftmals in andere Wirklichkeitsebenen wechseln (engl. *hedge riding*). Der Geist oder die Erscheinung unterstützen die Hexe bei ihrem Astral-Flug, indem sie sie führen, schützen und ihr helfen.

ASTRALREICH: Um auf der Astralebene mit Geistern oder Erscheinungen zu arbeiten, benötigst du zunächst eine Form der Meditation, mit der du dich wohlfühlst. Sobald du diese gefunden hast, besteht der nächste Schritt darin, dich mithilfe von Selbsthypnose in einen tranceähnlichen Zustand zu versetzen. Anschließend beginnst du, die Form deiner astralen Erscheinung zu visualisieren. Am besten liest du dich mithilfe verschiedener Lektüre erst einmal in das Thema astrale Projektion ein, bevor du deinen ersten Astral-Flug ausprobierst.

GEISTTIERE UND TIERFÜHRER

Obwohl es die Vorstellung von Geisttieren (auch Krafttiere oder Seelentiere genannt), Totems oder Tierführern schon eine ganz Weile gibt, tauchte der Begriff des Geisttiers erst in den 1980er-Jahren auf, als er von Anhängern des Paganismus und der Wicca-Tradition verwendet wurde. Erst in den 1990er-Jahren wurde die Bezeichnung dann allgemein gebräuchlich. Viele Kulturen der nordamerikanischen Ureinwohner verwenden Totems, also Tiere, zu denen sie eine Verwandtschaft fühlen oder die ein Symbol für eine Familie oder einen Clan darstellen. In den alten Kulturen des historischen Mesoamerikas wird der *Nagaul* erwähnt, ein persönlicher Schutzgeist, Verbündeter oder Helfer. Die besondere Verwendung von Totems und des Nagauls ist diesen indigenen Völkern heilig und wird als etwas verstanden, das nur diesen Kulturen vorbehalten ist. Diese Exklusivität solltest du respektieren und daher nicht für deine Hexenkunst übernehmen.

All diesen Geistern oder Wesen ist gemein, dass sie, unabhängig von ihrer Erscheinungsform, eine spezielle Beziehung zu einer Person haben. Heute sehen wir oft Beziehungen zwischen bestimmten Tieren und Geistern. Dies hängt mit der symbolischen Bedeutung zusammen, die jeder Tierart innewohnt.

GEISTERORAKEL: Wenn du dich für die Symbolik von Geistern und Tieren interessierst, besorge dir am besten Tier-Orakelkarten. Diese können dir dabei helfen, mit der symbolischen Bedeutung von Tierführern im Rahmen deiner Hexenkunst zu arbeiten.

FEEN UND SCHICKSALSGÖTTINNEN

Feen gibt es in zahllosen Formen, und viele Erzählungen über sie lassen sich über Jahrtausende zurückverfolgen. Das Wort Fee (engl. *fairy*) stammt vermutlich vom lateinischen Wort *fata*, dem Plural von *fatum*, welches »Bestimmung« oder »Schicksal« bedeutet. In der griechischen, römischen und nordischen Mythologie standen Feen stets in Verbindung mit den Schicksalsgöttinnen. Auch gibt es Übereinstimmungen zwischen kulturellen Überlieferungen weltweit in Bezug auf die Idee, dass das Schicksal der Menschen wie ein Faden gesponnen wird. Feen finden sich oft in der Nähe von Quellen, Brunnen und ruhigen Orten in der Natur, wo man ihnen Gaben überbringt und auf ihre Segnungen für das eigene Schicksal hofft.

Im Laufe der Geschichte wurden Feen zudem mit den Göttinnen der Geburt, des Lebens, des Todes, der Fruchtbarkeit und mit Schutzgöttinnen in Verbindung gebracht. Oft werden sie mit Spinnrädern, Spinnennetzen und anderen Arten von Fäden dargestellt.

FEENSPAZIERGANG: Mache einen Spaziergang an einem anderen Ort, wo es zahlreiche Bäume gibt, und setze dich ruhig hin. Spüre, wie das Gefühl, lebendig zu sein, dich erfüllt. Verbinde dich mit der Energie. Du kannst auch eine Naturgabe herstellen und mitbringen, um Segen für dein persönliches Schicksal zu erhalten. Verwende beispielsweise Naturhonig, backe Honigkuchen, gieße eine Tasse Milch aus, verteile weiße Mandeln oder bastle ein Arrangement aus Blumen.

ELEMENTARE WESEN

Die vier klassischen Elemente Erde, Luft, Wasser und Feuer spielen eine große Rolle in der Hexenkunst. Sie stehen in enger Verbindung mit den Himmelsrichtungen, Jahreszeiten, Tageszeiten, Tierkreiszeichen und anderen wichtigen Hilfsmitteln. Die Elemente sind integraler Bestandteil von Folklore, Mythologie und Literatur und manifestieren sich in Wesen und Geistern, welche Hexen die große Bedeutung der Natur in Erinnerung rufen. Ein elementares Wesen kann sich dir in der Natur, als Geist oder in Form von Gegenständen und Symbolen offenbaren. Du kannst dich mithilfe von elementaren Wesen mit der Energie der Natur um dich herum verbinden und dabei eine der folgenden Möglichkeiten nutzen.

ERDE:

Richtung: Norden
Elementares Wesen: Gnom (Erdgeist)
Tierkreiszeichen: Steinbock, Jungfrau, Stier
Jahreszeit: Winter
Tageszeit: Mitternacht
Lebensphase: Alter

LUFT:

Richtung: Osten
Elementares Wesen: Nymphe (Luftgeist)
Tierkreiszeichen: Zwillinge, Waage, Wassermann
Jahreszeit: Frühjahr
Tageszeit: Morgendämmerung
Lebensphase: Geburt

WASSER:

Richtung: Westen
Elementares Wesen: Wassergeist
Tierkreiszeichen: Krebs, Fische, Skorpion
Jahreszeit: Herbst
Tageszeit: Sonnenuntergang
Lebensphase: Erwachsenenalter

FEUER:

Richtung: Süden
Elementares Wesen: Salamander
Tierkreiszeichen: Widder, Löwe, Schütze
Jahreszeit: Sommer
Tageszeit: Mittag
Lebensphase: Jugend

FOKUS

HAUSTIERE ALS VERTRAUTE

Haustiere sind domestizierte Tiere wie Hunde und Katzen, die zu deinen Vertrauten oder Hexenbegleitern werden können; es gibt aber auch weniger verbreitete Haustiere wie Fische, Vögel, Nagetiere oder Reptilien.

- **HUNDE**: Hunde stehen für bedingungslose Liebe und Loyalität, Sicherheit, Hingabe, Treue und Vertrauen. Sie sind zuverlässige Beschützer und ein Symbol für Wahrhaftigkeit dir selbst gegenüber.
- **KATZEN**: Katzen verkörpern ganz unterschiedliche Eigenschaften wie Intuition, Neugier, Schutz, Eleganz, Unabhängigkeit, Freiheit, Erkenntnis, Gleichgewicht und Hoffnung. Zudem sind sie klug und stehen symbolisch für die Hexenkunst.
- **FISCHE**: Fische schaffen eine starke Verbindung zum Element Wasser und symbolisieren die Tiefen des Unbewussten sowie Reinigung, Heilung und Emotionen. Zudem werden sie mit Wissen, Verwandlung, Kreativität und Weiblichkeit in Verbindung gebracht.
- **NAGETIERE**: Aufgrund ihrer geringen Größe stehen Nagetiere symbolisch für die unzähligen Möglichkeiten, die das Leben bietet, und für die Fähigkeit, alles zu erreichen oder sich an alles anzupassen, unabhängig von den äußeren Umständen. Sie haben zudem eine starke Verbindung zur Erde.
- **REPTILIEN**: Viele Reptilien streifen regelmäßig ihre Haut ab und versinnbildlichen daher Regeneration, Unsterblichkeit und den Kreislauf des Lebens. Wie Nagetiere sind sie oft mit dem Element Erde verbunden, manchmal auch mit dem Element Feuer.

REGISTER